构建高质量学前教育丛书

U0801905

乐童年·活教育

基于转变幼儿学习方式的课程优化与实践

金　莹——编著

中国中福会出版社·上海

图书在版编目（CIP）数据

乐童年·活教育：基于转变幼儿学习方式的课程优化与实践 / 金莹编著 . -- 上海：中国中福会出版社，2024. 10. -- (构建高质量学前教育丛书). -- ISBN 978-7-5072-3754-2

Ⅰ. G612

中国国家版本馆 CIP 数据核字第 2024UZ8057 号

乐童年·活教育

基于转变幼儿学习方式的课程优化与实践

金　莹　**编著**

出 版 人　屈笃仕
策划编辑　凌春蓉
责任编辑　梁　莹
责任校对　倪卓逸
责任印制　钱　欣
装帧设计　钦吟之

出版发行　中国中福会出版社
社　　址　上海市常熟路 157 号
邮政编码　200031
电　　话　021-64373790
传　　真　021-64373790

经　　销　全国新华书店
印　　制　上海昌鑫龙印务有限公司
开　　本　787mm × 1092mm　1/16
印　　张　10
字　　数　150 千
版　　次　2024 年 10 月第 1 版
印　　次　2024 年 10 月第 1 次印刷
书　　号　ISBN 978-7-5072-3754-2/G · 1355
定　　价　68.00 元

序

在信息化与人工智能快速发展的当下，教育面临新的机遇与挑战。时代的变化也让我们不禁发问：幼儿园要培养什么样的人、让他们具备什么样的素质，才能适应未来。近年来，国家出台的一系列推进教育改革的政策文件，体现出学习方式的变革是教育变革的核心内容之一，倡导“自主、合作、探究”的学习方式，也为我们指明了课程优化实践的方向。幼儿学习方式的转变意味着学前教育需要培养适应未来社会需求的全面发展的个体。幼儿园的教育应该不仅关注知识的传递，更强调培养幼儿的创造性、批判性思维和适应变化的能力。

上海市长宁区愚园路第一幼儿园（以下简称愚一幼儿园）自 1939 年建园至今八十余载，脚踏实地、笃行不懈，不断传承陈鹤琴“活教育”思想，守护着一个又一个五彩斑斓的童年，培养了一代又一代鲜活独特的“愚一人”。愚一幼儿园在本书中给出了他们关于幼儿学习方式转变的思考与实践。

陈鹤琴先生在“活教育”的目的论中提出“做人、做中国人、做现代中国人”，还提出了“保育民族幼苗”的办园使命。基于此，结合当今社会背景，愚一幼儿园聚焦儿童发展，提出办园理念——“乐童年 · 活教育”，强调通过自由的生活体验促进儿童成长，在学前教育领域树立了新的标杆。

“乐童年 · 活教育”这一理念，不仅是对儿童快乐成长的深切关怀，更是对当下社会背景中“儿童本位”教育观的积极响应。它强调教育的目的不仅仅是为未来生活做准备，更重要的是让每一个儿童在当下都能体验到生活的意义，享受到童年的快乐与纯真。这一理念在愚一幼儿园得到了完美的诠释，使孩子们在轻松愉快的氛围中自由探索、快乐成长。随着课程实践的不断丰富，愚一幼儿园将“乐 · 活”课程理念表述为：创造一个适合儿童完整成长的生活乐园。这种课程观的重塑使幼儿园教育更加贴近实际需求，为幼儿成为完整的人奠定基础。

近年来，愚一幼儿园更是以“乐·活”课程理念为核心，将教育的目标聚焦于培养做好事、心情好、乐表达、有活力的儿童。这一目标不仅体现了对儿童全面发展的深切关怀，更凸显了愚一人对于当下社会背景的精准把握和积极响应。愚一幼儿园致力于为幼儿提供足够的空间和时间，让他们在一日生活中通过自我实践、自我唤醒和自我成长，体验多样化的学习过程，注重自主实践和积极互动。

陈鹤琴先生在其“活教育”课程论中提出“大自然、大社会都是活教材”，这一理念对现代幼儿教育具有深远影响。愚一幼儿园秉持“幼儿发展优先”的核心理念，践行以“做”为中心的幼儿活动论，对上海市“二期课改”教材进行园本化实施，持续拓宽幼儿游戏和学习的天地。为了更好地促进幼儿的学习方式转变，提倡自主、合作与探索，聚焦自主性、合作性和探究性，愚一幼儿园活用教材和教学法，精心打造了幼儿园的特色活动——“乐·活”探究活动。这些活动不仅丰富了幼儿的学习体验，也有效促进了其全面发展。正如我多年前所强调的，真正的学习方式和教学模式的转变，应体现在幼儿不断自我发现问题和自主解决问题的过程中，通过探索世界、认识自我、发展理性来实现。在愚一幼儿园，我欣喜地看到孩子们能够围绕他们一日活动或主题中感兴趣的内容自主开展探究，解决真实问题，获取新知识。在有关城市主题的探究中，孩子们探索城市地下的秘密，与同伴共同设计地下城市场景图，并自主使用各种低结构材料进行创造性搭建……这些活动不仅凸显了孩子们的自主性、合作性和探究性，也充分展示了愚一幼儿园在促进学习方式转变方面的成功实践。

2022 年 2 月，教育部发布的《幼儿园保育教育质量评估指南》明确提出了要“充分发挥评估的引导、诊断、改进和激励功能”，对“评什么、怎样评、怎样做”提出了明确指引。课程和评价犹如硬币的两面，缺一不可，评价也是当前大多数幼儿园存在的难点和痛点。愚一幼儿园结合自身课程开发出了《“做中学”幼儿行为观察指引》。这一工具帮助教师发现每个孩子独特的发展状况、发展速度和发展轨迹。书中的案例展示了愚一幼儿园的老师们如何努力读懂和了解孩子，通过一系列支持策略促进孩子的全面发展，真正实现了“以评促建”的目标。

愚一幼儿园以转变幼儿学习方式为核心的课程实践与探索的重要价值，一是对“活教育”持续研究建构的课程整体规划，以及在实践中不断充实丰富的课程理念；二是精心打造的幼儿园特色活动——“乐·活”探究活动，促进幼儿自主性、合作性和探究性的发展，推动幼儿学习方式的转变；三是基于教师实际困惑开发的幼儿行为观察指引、探究手册等实用工具。这本书不仅包含深入浅出的理论思考，还充满生动的课程故事与案例，凝聚了愚一幼儿园在教育创新、教师专业成长和幼儿全面发展方面的宝贵经验，完整呈现了基于转变幼儿学习方式的幼儿园课程实践范式，相信读者们能够从本书中获得借鉴和参考，共同为培养适应未来社会发展的幼儿这一目标而奋斗。

尹后庆

2024.6

目　录

第一章

理想教育的愿景：
开启幼儿“乐·活”之旅

上海市长宁区愚园路第一幼儿园（以下简称“愚一幼儿园”）始建于 1939 年，是首批上海市示范性幼儿园，首批上海市陈鹤琴教育思想研究基地园，上海市首家“综合性主题教育”试点园。发展至今，已形成一园三址的办园规模。

2013 年，愚一幼儿园确立了“乐童年·活教育”的办园理念。这一理念体现了“乐童年”和“活教育”的重要内涵，强调通过自由的生活体验促进儿童成长。“乐·活”教育观则注重体验教育的特点，以及通过积极向上的精神引导儿童主动探索人际关系。愚一幼儿园汲取陈鹤琴教育思想、整体主义课程理论和合作学习理论的精髓，形成独特的课程理念，致力于为幼儿提供足够的空间和时间，让他们在一日生活中通过自我实践、自我唤醒和自我成长，体验多样化的学习过程，注重自主实践和积极互动。

我们所处的时代变革更新速度快，对人才的培养要求随之变化，与之对应的是幼儿学习方式的转变。因此，支持幼儿形成以自主性、合作性、探究性为特征的学习方式是幼儿园课程改革的方向。结合这一时代背景，从 2019 年开始，愚一幼儿园不断思考如何进一步挖掘和践行陈鹤琴先生以“做人”为核心的“活教育”目的论、以“做”为中心的幼儿活动论，探索如何以优化课程实施推动幼儿学习方式的转变，提升“乐·活”教育品质，培养幼儿的个性、独立性，使其在快乐中茁壮成长，为未来的学习和生活奠定坚实基础。

第一节 “乐·活”教育发展之路

在长达八十五年的办园历程中，在“中国幼教之父”陈鹤琴先生“活教育”思想的引领下，愚一幼儿园的课程经历了“单元教学”“德育培养”“综合性主题教育”等发展阶段，始终以培养适合时代要求的“现代中国人”为目标，探索本土化的课程实践。

一、课程发展历史

（一）初期践行阶段（1939—1980年）

1947年，陈鹤琴先生亲自送他的学生任映兰来园任教，自此，幼儿园开始践行陈鹤琴先生的“单元教学”课程。陈鹤琴主张“活教育”，“活教育”的课程观主要是建构“儿童的课程”。此外，陈鹤琴强调“做中学”，所规定的十七条教学原则前四条都是关于儿童的：“凡儿童自己能够做的，应当让他自己去做；凡儿童能够想的，应当让他自己去想；你要儿童怎么做，就应当教儿童怎样学；鼓励儿童去发现自己的世界。”[1]愚一幼儿园承袭“活教育”思想，结合时代背景及本园实践，不断优化课程结构和内容。

新中国成立后，在苏联分科教学和当时育人目标的影响下，幼儿园课程内容强调实用，注重劳动和生活教育。在分科教学的过程中，愚一幼儿园的优秀教师还参与到全国统编教材的开发中，以培养“现代中国人”为目标积累德育课程，不断积

[1] 陈鹤琴. 活教育的创造:理论与实施[M]. 上海:华华书店,1950.

累“做中教、做中学”的教学经验，课程内容与幼儿生活的真实情境紧密联系，帮助幼儿适应生活。

（二）初创品牌阶段（1981—2012年）

1981年，幼儿园以开放的态度、探索的精神成为上海市开展“综合性主题教育”试验、验证和推广的第一所幼儿园。“综合性主题教育”是对陈鹤琴“活教育”的课程实践。幼儿园将“综合性主题教育”作为园本课程，不断丰富和充实，并在“综合性主题教育”课程开发过程中，培养了大量的优秀教师和管理者，老园长赵赫被评为上海市首批特级教师。20世纪90年代，“二期课改”启动，“二期课改”的教材源于“综合性主题教育”。在课程改革过程中，教师以新理念不断完善园本课程，增加了大量的富有时代性的教学设计。

（三）升华品牌阶段（2013—2019年）

2013年，幼儿园一方面传承陈鹤琴先生的“活教育”思想精髓，一方面融合国际乐活族生活理念（即以健康及自给自足的形态过生活，是一种贴近生活本源，自然、健康、精致的生活态度），树立了“乐童年·活教育”的办园理念，并以课题为抓手，探索“乐·活”教育特色课程建设，强调通过自由的生活体验促进儿童成长。“乐·活”教育观则注重体验教育的特点，以及通过积极向上的精神引导儿童主动探索人际关系。幼儿园“乐·活”教育课程理念日益清晰，教师、家长的认同度较高，形成了“乐·活”教育育人目标、“乐·活”主题树和“乐·活”24事及配套课程资源。

（四）课程优化阶段（2019年至今）

2019年底，幼儿园尝试以支持幼儿形成具有自主性、合作性、探究性（以下简称“三性”）的学习方式为核心，以课程项目管理为保障机制，以骨干教师为引领，成立三个课程项目组，同步开展选择性课程和共同性课程实施优化研究。其中，选择性课程包括“乐·活”16节、“乐·活”24事和“乐·活”探究活动等，项目组探究课程实施方式优化，支持幼儿自主选择、设计、探究与深度学习；共同性课程以个别化学习为切入点，尝试推进“乐·活”探究活动，借此给予幼儿更多学习内容和学习路径的选择和体验空间。在开展全园性课程实施优化的同时，课程核心组进一步研讨“乐·活”课程的课程理念、课程目标及现阶段的课程图谱，以课程顶层设计助推幼儿园课程的动态发展。

二、课程基础

（一）国家及上海市课程政策的引领

愚一幼儿园结合中共中央、国务院 2018 年 11 月 7 日发布的《关于学前教育深化改革规范发展的若干意见》，以及 2021 年印发的《上海市教育发展“十四五”规划》，明确了幼儿园教育工作的重要原则和任务。

总体而言，幼儿园应当遵循幼儿身心发展规律，树立科学保教理念，建立良好师幼关系。首先，在幼儿一日生活的安排上，需要提供均衡的营养，保障充足的睡眠和适宜的锻炼，传授基本的文明礼仪，培养幼儿良好的卫生、生活、行为习惯和自我保护能力。其次，珍视幼儿游戏活动的独特价值，鼓励支持幼儿通过亲近自然、直接感知、实际操作、亲身体验等方式学习探索，促进幼儿快乐健康成长。

学前教育的主要任务在于为儿童健康、幸福成长实施快乐的启蒙教育，这对儿童的身心发育、习惯养成和智力开发至关重要。幼儿园应该以儿童生活为基础、以游戏为基本形式，开展丰富多样、富有创意的学前教育活动，促进学前儿童身心和谐发展。同时，实施家园合作的衔接教育，加强对幼儿健康水平的监测和评估，进行学前教育科学研究，推进幼儿园内涵建设和科学发展，为社会提供多样化、有特色、高品质的学前教育服务。

（二）幼儿园课程内容内在逻辑的要求

愚一幼儿园结合“二期课改”要求，在共同性课程和选择性课程中增强了注重课程组织形式的意识，从而达到了进一步加强课程组织逻辑性的目的。

首先是课程单元设计，选择性课程各个主题单元的设计，能遵守由易到难、由浅入深、由近及远的基本原则，也要兼顾学科知识与技能传递的逻辑性，主要按照以下三种关系进行设计。[1]

1. 顺序性

顺序性是指将课程单元（主题）按照时间顺序进行纵向排列，并且有一定的次序。这种排列方式使得学习机会有序地展开，前一单元（主题）所学的经验成为后一单元（主题）学习的基础。

这种次序可以考虑从简单到复杂、由具体到抽象，或者从特殊到一般等角度来安排。换言之，课程应该和知识逻辑顺序、幼儿心理发展顺序相适应。愚一幼儿园的“乐·活”课程结合“活教育”思想，综合考虑幼儿的认知发展和学习特点，使他们能够在学习过程中逐步建构起知识结构，并不断拓展自己的认知能力。

2. 连续性

连续性即单元（主题）之间的一种内在的连贯性。当一个单元（主题）提供的观念或方法能够在后续单元（主题）中得到扩展或找到新的应用机会时，我们就可以说这两个单元（主题）之间存在着连续关系。

在幼儿园的课程实践中，我们可以通过多种方式来实现课程单元之间的连续性。比如，幼儿在某一语言活动中学习了一些基本的词汇和短语，教师可以在其他活动中扩展这些词汇，引入更丰富的内容，通过逐步扩展和深化幼儿的学习内容，让他们在学习过程中建构起更为完整和稳固的知识结构。

3. 整合性

整合性又称并行关系，指的是找出课程内容之间的内在联系，然后整合为一个有机整体。

整合关系将导致一般分科课程的重新构造或重新组建，强调广度而不是深度，关心知识的应用而不是知识的形式。愚一幼儿园的课程设计充分发展整合关系并引

[1] 王栋材,彭越. 幼儿园教育活动的设计与指导[M]. 长沙:湖南大学出版社,2012.

入跨学科的方法，通过引导和创设条件，使幼儿能够将所学内容与自己的生活经验相比较和联系。这种综合性的学习方式不仅可以促进幼儿对知识的整体理解，还能够培养他们的综合思维能力和创造力。

此外，愚一幼儿园不仅注重课时安排的合理性（共同性课程占课时的80%，选择性课程占20%），还在选择性课程中对每一项活动都做了精心设计，充分表现出了多样化、特色化、均衡性的特征，尤其关注“支持幼儿更多亲身体验的内容”。

（三）教学管理为课程实施保驾护航

在教师资源方面，本园的管理团队成员分工明确、各司其职，具有较强的大局意识、忧患意识和创新意识。教师的年龄结构合理，学历水平普遍较高，所有教师均达到本科以上学历。超过60%的教师认为自己拥有课程领导力，是课程开发和设计者，教师的课程实施和评价能力较强。

愚一幼儿园借鉴科研项目管理方式，将龙头课题按照课程研究载体分为多个项目组，边尝试边提炼经验，完善项目管理机制。形成项目召集制度、项目例会制度、项目档案管理制度等，推动项目有序开展。

每学期初，课题组会启动龙头课题会，对阶段性研究目标及任务进行沟通，为子项目计划制订提供依据。到学期末，预先制订“项目组评审方案”，结合成果现场汇报、档案资料查阅、专家答辩等不同环节进行学期项目评审。各个项目组通过辐射展示，推广项目研究成果，提升非项目组教师对课程优化进展的全面了解。

第二节　“乐·活”教育中的教与学转变之趋

变革是这个时代的最大特点，教育领域正在经历着巨大的变革。近年来，中央出台了一系列推进教育改革的文件，而学习方式的转变是教育改革的核心内容之一，也是人工智能时代、终身学习时代、核心素养时代和新课程、新教学时代的必然要求，更是孩子立足当前、决胜未来的必要条件。教与学的转变是为了培养适应未来社会需求的全面发展的个体。这种转变不仅关乎知识的传递，更强调培养学生的创造性、批判性思维和适应变化的能力，以应对时代的挑战。

一、“乐·活”教育育人方式转变

育人方式的转变在现代教育中具有至关重要的意义。随着社会的迅速发展和变革，传统的教育方式已经不再能够满足当今社会对于个体能力的需求。传统的被动学习模式，虽然曾经有一定的功效，但面对当今日益复杂和多变的社会环境，已显得力不从心。现代社会强调不断创新、批判性思维以及解决问题的能力，而这些都是传统教育模式所无法全面培养的。因此，我们迫切需要转变育人方式，以更好地适应和应对未来社会的挑战。

（一）社会发展的要求

随着社会的不断发展，传统学习方式逐渐显得滞后，难以满足新时代对学生的要求。现代社会注重创新、合作和探究，这要求学生采用更为灵活、主动的学习方式。尤其是随着人工智能的飞速发展，未来的职场和社会需求将发生巨大变化，这些都提醒我们，在课堂所学的内容可能在实际生活中变得容易被数字化和自动化所替代，传统的被动学习方式难以帮助幼儿积极面对社会的挑战。为了培养适应这一变革的新一代人才，幼儿学习方式需要更注重培养创造力、批判性思维和解决问题的能力。

（二）终身发展的需要

学习不再仅仅是获取知识，教育更强调对学生全面发展的支持，包括幼儿个性、情感、态度、价值观等多方面的培养。终身学习已经成为现代社会的一个共识。培养幼儿具备主动学习的能力，习得自主学习的方法和技能，将使他们更好地适应未来需要不断学习的环境。因此，幼儿园需更注重培养幼儿的创新思维、自主性和终身学习的能力。在幼儿阶段，培养他们积极的学习态度、主动的学习兴趣以及解决问题的勇气是至关重要的。相应的学习方式需要更全面，以适应幼儿全面发展的需求，不仅注重认知层面，也关注情感和社会层面。

（三）新课程改革的倡导

新课程改革强调“自主学习、合作学习、探究学习”，提倡学生在学习中发挥主动性，通过合作和探究实现更深层次的学习。在这样的课程改革中，学习方式的变革变得尤为重要，即强调综合素质的培养，培养学生对知识、技能等的实际运用能力和创新能力，使其具备适应未来社会变革的能力和品质。在幼儿教育中，这意味着要建立培养幼儿自主性和团队协作精神的学习环境，通过游戏、探索性学习活动等方式，培养幼儿主动参与学习的兴趣和能力。这对幼儿学习方式的转变提出了更高的要求，需要教育者转变传统的灌输式教学方式，注重引导和激发幼儿的学习兴趣和好奇心。

育人方式的转变对于现代教育具有重要意义。首先，它致力于培养学生适应未来社会的能力。传统的被动学习方式已经不再足够，因为现代社会对于创造力、批判性思维和解决问题能力的需求日益增长。因此，教育界需要转变思维，注重培养学生主动学习的方式，从而使他们更好地适应未来社会的变化。其次，转变育人方式有助于培养终身学习的态度。注重幼儿主动学习的能力和自主学习的方法可以激发他们对于持续学习的兴趣，使其具备应对不断变化的环境并持续发展的能力。最后，新课程改革倡导的学习方式转变强调了实际运用能力和创新能力的培养。这不仅使学生具备了适应未来社会变革的能力和品质，也更好地满足了现代社会对于实践能力和创新思维的需求。因此，育人方式的转变是教育改革中的关键一步，其意义深远且不可忽视。

二、“乐·活”教育中幼儿学习方式的转变

（一）学习方式转变的内涵

学习方式（learning approach 或 learning style）是教育理论研究中的一个关键概念，早在 1954 年由美国学者赫伯特·西伦提出。弗雷德·纽曼认为学习方式是学生在教学活动中的参与方式，与生产方式、生活方式处于同一层面，强调了学生在学习中的主动性和参与度，为改变传统学习方式提供了动力。[1] 也有学者对“学习方式”的定义有所不同，研究聚焦学生经常使用的学习策略与倾向。如王小明认为，学习方式是指在特定的社会历史条件及人才培养需求的背景之下，学习者为了适应这一环境，在长期的受教育和学习过程中逐渐形成的，在完成学习任务过程中体现出来的，个性化的、相对稳定的学习策略和学习倾向的总体特征。[2]

我国对学习方式转变的研究主要指从“传统学习方式”向“现代学习方式”的转变。“现代学习方式”相较于“传统学习方式”，主要集中于新课程改革提出的“自主学习、合作学习、探究学习”这三方面。向现代学习方式转变，是指在当前课堂教学过程中，在教师有意识的指导下，提升学生学习品质和精神，转变过于单一、被动、片面和过度形式化的传统课堂学习方式现状，实现由单一性向多样性、由片面学习向全面学习、由狭义学习向广义学习的转变。学习方式转变并非转变学

[1] Newmann F M. Student Engagement and Achievement in American Secondary Schools[M]. New York:Teachers College Press,1992.

[2] 王小明. 新课程改革背景下学生学习方式转变研究[D]. 上海师范大学,2011.

生学习方式本身，而是转变窄化和过度形式化的传统学习方式现状，倡导适应时代发展和社会进步的新式学习方式。张晓认为我国新课改至今所提倡的转变学习方式，就是把学习过程中的发现、探究等认识活动突显出来，使学习过程更多地成为学生自觉地发现问题、提出问题、解决问题的过程。[1]

（二）“乐·活”幼儿学习方式转变的集中体现

以上所说的学习方式的转变是为了帮助学生培养现代学习方式的能力与意识，在学生掌握知识的同时，更加注重学生能力、情感、态度、价值观的发展，从而引导学生形成更加适合其终身发展的学习方式。“乐·活”教育中，聚焦“自主学习、合作学习、探究学习”这三个方面，充分体现幼儿学习方式的转变。

1. 自主性

“自主性”一词 autonomos，由“auto”和“nomos”组合而成，分别代表“自我”和“管理”。这个词最初是一个雅典人谋求自我管理内部事务的政治概念，现如今“自主性”被广泛应用于政治、道德、伦理、教育、医学领域之中。

教育发展趋势表明，学习不再仅仅是将外部世界的知识灌输给幼儿，而更应该成为一个在持续的自我发现问题和自主解决问题的过程中，去探索世界、认知自我、发展理性的旅程。在这一背景下，强调幼儿学习的自主性变得至关重要。发挥幼儿学习自主性意味着给予幼儿更多的权利和机会，让他们在学习过程中发挥主动性，自由地选择、探索、解决问题。这种学习方式有助于激发幼儿的好奇心和创造力，培养他们主动探究的习惯。通过自主性学习，幼儿不仅能够积极参与知识的建构，还能够培养解决问题的能力和批判性思维。

总的来说，幼儿学习的自主性不仅是适应现代教育发展趋势的需要，也是培养幼儿全面发展必不可少的重要环节。通过强调自主性学习，可以更好地激发幼儿的学习激情，促使其在学习中更好地实现个性化、深度化的发展。

---

[1] 张晓. 新中国成立以来中小学生学习方式改革与发展的研究[D]. 西南大学,2010.

2. 合作性

对于幼儿学习的合作性，国内外的研究主要聚焦于幼儿学习中的“合作”以及“合作性学习”。

通过合作性的问题探究，幼儿可以在团队中学会相互支持、共同努力，共同创造新的视角和思考方式。此外，在合作中形成学会担责的能力对于幼儿的自我觉醒与心灵成长至关重要。对于幼儿而言，学会担责不仅意味着在解决问题和探索世界中发展认知能力，还意味着培养他们在合作中发挥作用的能力。幼儿在合作中学会分担责任、理解他人观点、共同解决问题，从而形成良好的合作性。

幼儿的合作性不仅仅是一种单一的行为，更是一种跨学科的综合素养。问题和探究不仅在知识学习上起到推动作用，也在培养幼儿的合作性上发挥重要作用。幼儿通过合作的问题解决过程，不仅能够释放创造力，还能够在共同探究中建立对人类文明和先进文化的价值认同。通过共同努力，幼儿可以更好地理解社会的发展，形成积极的团队合作态度，同时为自我觉醒和心灵成长提供动力。通过合作性问题探究，幼儿在多个层面得到了综合性的培养，为其未来的学习和生活奠定了坚实的基础。

3. 探究性

探究是人类认识世界的方式之一，探究性学习最早是由杜威 1909 年在美国科学进步联合会的发言中提出的。[1] 在我国，最早提出在幼儿园阶段开展探究性学习的是陈鹤琴，他于 1941 年提出了“活教育”方法论，即“做中教，做中学，做中求进步”，并为此将“活教育”的教学过程分为四个步骤：实验观察、阅读参考、创造发表和批评检讨。

幼儿学习的本质在于探究，培养幼儿的探究性学习则成为促进其全面成长的有效途径。在幼儿探究性培养中，重要的是为幼儿提供一个丰富而激发好奇心的学习环境。让幼儿通过亲身实践和观察去解决问题，从而促进他们对知识的深度理解。

---

[1] 庞丹. 杜威技术哲学思想研究[M]. 沈阳:东北大学出版社,2006.

同时，幼儿探究性学习也涉及个体精神家园的建构。这意味着不仅要关注幼儿对外部世界的认知，还要注重培养其情感、社交和价值观等方面的发展。教师通过提供多样化的学习体验，让幼儿能够在探究的过程中建构起自己的精神家园，形成积极的学习态度和社会情感。

鼓励幼儿提出问题、尝试解决问题，同时给予积极反馈和引导，有助于培养其主动学习的习惯。通过这样的学习方式，既能够满足幼儿对外部世界的好奇心，又能够促进个体内在世界的构建，实现全面而有深度的学习。因此，幼儿探究性学习不仅关乎其认知水平的提升，更涉及情感、社交等多维度的全面发展。

此外，教育部2001年印发的纲领性文件《基础教育课程改革纲要（试行）》强调“过程与方法”目标，倡导“自主、合作、探究”的学习方式，幼小衔接贯穿三年。因此，支持幼儿养成以自主性、探究性、合作性为特征的学习方式是幼儿园课程改革的方向。基于此，愚一幼儿园将视线聚焦幼儿，通过推动学习方式的转变让幼儿的学习产生实质性的变化，进一步挖掘和践行陈鹤琴以“做人”为核心的“活教育”目的论、以“做”为中心的幼儿活动论，提升“乐·活”课程品质。

“乐·活”教育提倡支持幼儿自由体验，家、园、社会联动的课程资源的丰富为幼儿成长经验带来更多可能，幼儿自主选择课程内容的空间变大。幼儿本身的特点和教育环境的特点发生交互作用，会产生不同的学习方式，统一的课程设计与实施无法满足每一名幼儿自主、合作、探究学习的需求。因此，支持幼儿学习方式转变的实践研究丰富了幼儿园课程实施的方法和途径。愚一幼儿园在新的时代背景下，一方面不断加强对“乐·活”课程的顶层设计与思考，另一方面引导教师有针对性地开展教育实践。

第三节 “乐 · 活”教育课程理念及目标之思

随着对幼儿学习方式转变的研究深入，我们发现学习方式的转变是对教育观、儿童观、课程观的重塑，是教育改革的要点之一。随着社会的变革和对教育的需求日益复杂，我们不得不重新审视教育的本质以及我们对儿童成长的理解。在这个过程中，“活教育”作为一种重要的教育理念再度引起关注，其理念与实践成为教育改革的有效推动力。

一、办园理念与课程理念的树立

（一）“乐童年 · 活教育”理念的萌发

恩一幼儿园秉承陈鹤琴的教育理念，即强调儿童的独特性和发展潜力。在陈鹤琴的观点中，儿童被视为独立的个体，不应简单地用成人的标准来衡量儿童的发展。在这种理念下，幼儿园教育应注重以下几个方面。

首先，理解儿童的独特性，关注他们的好动心、模仿心、好奇心、游戏心。教育者应在教学设计中考虑到这些特点，创设有趣、富有挑战性的学习环境，以促使儿童积极参与学习。

其次，坚持让儿童做自己的主人，他们的世界需要由他们自己去探索和发现。教育者的任务是激发他们的求知欲，引导他们自主获取知识，使他们建立真实而有深度的认知。

再次，重视儿童的潜力和可发展性。陈鹤琴强调儿童内心存在着无限的创造能力。因此，教育者应积极提供学习机会，鼓励儿童探索和发挥个人潜力。在“儿童教儿童”的理念下，教育者要认识到儿童既是受教育者，也可能是教育者，他们同伴之间可以进行有益的知识交流和合作。这不仅是一种方法，更是一种教育理念和原则。教师作为儿童的朋友，应以平等、合作和真诚的态度对待儿童。这样的关系有助于营造积极的学习氛围，使儿童更愿意表达自己的想法和需求。

最后，“以儿童为中心”，其实质是发展儿童的个性和创造力。这一理念意味着教育不仅要传授知识，更要引导儿童全面成长，培养他们的创造性思维和独特个性。

陈鹤琴的观点为学前教育提供了一个以儿童为核心的有益框架，强调了教育者在培养未来一代时的责任和使命。

2013年，愚一幼儿园一方面结合“二期课改”的理念，传承陈鹤琴先生“活教育”的精髓，一方面融合国际乐活族生活理念，以“乐童年·活教育”作为幼儿园的办园理念，以开展“乐·活”教育为抓手，进行教育转型背景下的教育实践研究，完善幼儿园课程建设，彰显幼儿园课程特色。至此，“乐童年·活教育”应运而生，即乐享童年，做乐活一族；以自由的生活体验成长。活水育人，创“乐·活”校园，以开放的视野思考教育。

说到“乐·活”教育，从幼儿角度来理解，就是自由地体验；从教师的角度来说，就是开放地思考。“乐·活”教育是一种体验教育。在体验的过程中，以一种积极向上的精神，主动地探索和理解人与人、人与自然、人与社会的关系。通过“乐·活”教育的落实，帮助幼儿形成积极的生活态度，体验健康的生活方式，在关注自我的同时尽可能地给予他人帮助；在关注周围环境的同时履行自己的社会责任。

（二）“生活乐园”的探索

2013年，愚一幼儿园秉承“二期课改”理念和陈鹤琴“活教育”思想的精髓，同时融合了国际乐活族生活理念，确立了“乐童年·活教育”为办园理念。这一理念对教师原有的教育观、儿童观和课程观都是不小的冲击。

首先，教育观的再塑形成了对传统教育范式的挑战和超越。“活教育”强调教育应当是生动的、实践的过程，与传统的单向传授相比，更注重学生的主动参与和自主学习。这对教育者提出了新的要求，要成为学生学习的引导者，激发他们的求知欲望和创造力，使教育真正成为个体全面发展的推动者。

其次，对儿童观的重新审视成为对“活教育”再认识的核心。儿童不再被看作是被动的接受者，而是具有主体性和创造性的个体。他们在自我实践、自我唤醒和自我成长中展现其特质。因此，教育者需要深刻理解儿童的需求和发展规律，为其提供更为个性化、多元化的学习机会。

最后，课程观的重塑成为“活教育”再认识的重要体现。课程不再仅仅是知识的灌输，而是成为促使幼儿全面发展的载体。结合“活教育”的理念，幼儿园课程应更加注重培养幼儿的实际操作能力、创造性思维和团队协作技能。基于这样的课程观，我们将“乐·活”课程理念表述为：创造一个适合儿童完整成长的生活乐园。将理念进一步进行操作性定义，可分解为以下三个关键概念。

1. 创造

根据国情、园情、课程目标等，园本化地践行国家课程，并根据幼儿真实需要和兴趣进行创生。课程创造的主体包括幼儿、教师、家长和相关社会人士，多元主体构成课程领导者。成人是儿童的朋友，朋友之间是平等的、合作的、真诚的，是课程共同的创造者、体验者、获益者。

2. 完整成长

完整成长包括纵向和横向两个角度。从纵向发展来看，课程保护和激发儿童内在的生命力量，支持其形成终身发展的学习能力和持续动力。从横向发展来看，课程支持儿童全面发展，为其提供充分体验人与自我、人与社会、人与自然三类关系的环境和材料，儿童通过“乐·活”课程来考察这些关系，从而获得对自己的认识，习得妥善处理这些关系所需的基本技能，成为德智体美劳全面发展的人。

3. 生活乐园

一日生活皆课程，包括儿童在园生活、家庭生活及社会生活。大自然、大社会都是活教材，凡是儿童直接感知、亲身体验着的生活环境（包括物质环境和心理环境），都对儿童成长具有重要影响，需要家、园、社会协作为儿童发展创设有心、有效、有趣、有用的环境。同时，“乐·活”课程将活化、整合一切可以为儿童成长服务的课程资源，将幼儿园变成儿童成长、教师发展、家长进步的乐园。

在这个教育观、儿童观、课程观重塑的过程中，我们深入探讨“活教育”思想在现今的社会环境中如何具体应用于教育实践，推动教育朝着更为开放、灵活和个性化的方向发展。“乐·活”课程的这三个关键概念的具体指向突出了课程服务于儿童发展、儿童创造课程，以及教师与儿童关系的独特性。

二、育人目标与课程目标的探索

（一）塑造未来——“乐己、乐人、活健、活泼”的育人目标

愚一幼儿园一方面传承陈鹤琴先生的“活教育”精神，一方面融合国际乐活族生活理念，以“乐童年·活教育”作为幼儿园的办园理念，以开展“乐·活”教育为抓手，进行教育转型背景下的陈鹤琴教育思想实践研究，希望以此构建幼儿园特色课程。

愚一幼儿园结合教师和家长的双方建议，注重“乐·活”教育目标的全面性，即能促进幼儿认识自身、亲社会和亲自然等三方面能力的发展。结合陈鹤琴教育理论、积极心理学理论、国际乐活族生活理念、《3—6岁儿童学习与发展指南》（以下简称《指南》）和家长育儿需求等，我们把“乐·活”教育的育人目标定位于培养整体全面的儿童，即乐己、乐人、活健、活泼的儿童。

乐己：悦纳自己，真实表达。即幼儿觉察他们自己是独特的个体，展现对自己能力的信心，能理解并遵守规则和常规，能控制自己的情绪和冲动，并能恰当地表达自己的需求和一系列情感，使用创造性艺术来表达和表现自己的所知、所想、所感。

乐人：善待他人，友爱相处。即幼儿认识家庭特征和功能、社区和社会角色，展现对他人和自然世界的同情心，理解、赞美、尊重他人的相同与不同；需要时懂

得向成人求助，也能够与同伴进行合作、建立友谊，并在过程中展现积极的沟通技巧。

活健：低碳生活，快乐运动。即幼儿愿意食用各种有营养的食物，展现环保知识和良好生活习惯；能够坚持参与各类运动，并在参与每日活动中展现耐力和爆发力。

活泼：喜欢发问，敢于尝试。即幼儿对学习新的知识和体验新的经验感到好奇和有兴趣，从经验中活动学习，愿意通过提出问题、进行预测来探索自然世界并且发展概括能力；能通过观察和操作收集信息，对任务保持持续注意力并且在面对挑战时能坚持，在每日活动中展现创造力和独立性。

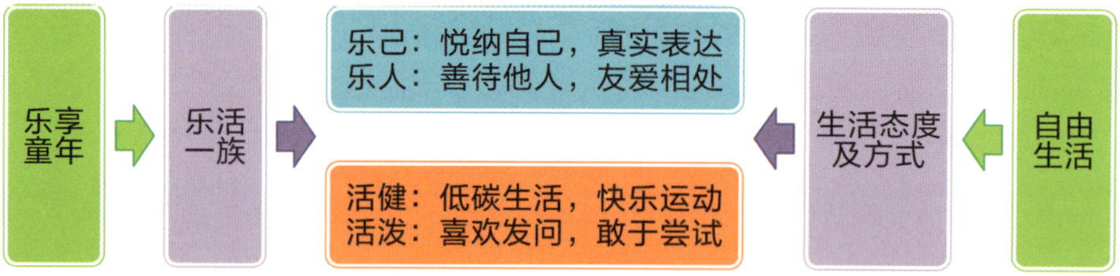

图 1　“乐·活”教育的育人目标

育人目标的实现需要有明确的课程目标，而在我们的教育实践中，课程目标是对“乐·活”教育理念的深入理解和践行的具体体现。课程目标是育人目标的延伸，课程目标的确立使我们对课程改革的探索和实践不只停留在理念层面，更在幼儿的日常生活中得以具体化和可操作化。

（二）融合成长——课程目标与育人目标的交汇

2022 年，幼儿园以支持幼儿处理“人与自我、人与自然、人与社会”三类关系为核心，打通育人目标与课程目标，在传承育人目标的基础上，在“乐·活”课程理念的引领下，参考《3—6 岁儿童发展行为观察指引》，将“乐·活”教育的课程目标定位于培养做好事、心情好、乐表达、有活力的儿童。

1. 做好事——服务自我、关爱他人、喜爱自然、适应集体

（1）愿意在日常生活中做力所能及的事情，养成良好生活习惯，培养自理能力；

（2）关心同伴，尊重长辈，对生活中常见的人、事、物具有同情心，有共情能力；

（3）亲近自然，节约资源，遵守公共场所规则（社会公德），具有良好的文明习惯；

（4）愿意为集体做一些力所能及的事情，能遵守集体活动规则，乐于参与社会公益，具有归属感和初步的责任感；

（5）做事专注，养成良好的学习习惯。

学做人是陈鹤琴先生提出的教育目标之一。这一目标旨在培养幼儿具备合作精神、同情心和服务他人的精神。“做好事”这个课程目标，强调了德育的重要性。通过学习、实践和体验做好事的行为，幼儿将建立积极的品德观念，培养对他人的关爱和责任感。

2. 心情好——健康活泼、情绪稳定、积极主动、不怕困难

（1）好玩好动，具有良好的体态，具有较好的动作发展水平，养成运动习惯；

（2）悦纳自己，具有较好的环境适应能力，乐于交往，学会接纳、调节自己的情绪；

（3）具有较强的安全感，乐于接受具有挑战性的任务，具有主动性与抗挫折能力。

在“心情好”这个课程目标中，不仅关注了心理健康，也注重了幼儿的整体灵性发展。愚一幼儿园通过创设积极、愉快的学习环境，激发幼儿的好奇心、想象力，引发他们的独立思考，使他们在学习中保持良好的心情。

3. 乐表达——感受美好、多元表达、乐于沟通、文化认同

（1）感受大自然、大社会中的美好；

（2）喜欢并运用多种方式表达自己的感受和想法；

（3）愿意倾听他人，乐于沟通，能在合作中解决问题；

（4）感受多元文化，喜欢中华优秀文化，具有民族归属感。

陈鹤琴强调“以儿童为中心”的实质是发展儿童的个性和创造力。“乐表达”

突出了培养儿童创造性表达能力的重要性。“乐表达”的目标是以儿童为中心，鼓励个性的发展和创造能力。通过丰富多彩、富有创意的学习活动，鼓励幼儿表达自己的想法、情感和创意，培养他们独立思考的能力和创造性思维。

4. 有活力——观察发现、好奇好问、动手动脑、想象创造

（1）对周围事物有好奇心，爱提问题，喜欢观察、分析事物的特征；

（2）运用多种方式收集信息，并尝试分析与利用；

（3）喜欢探究，愿意动手操作，运用各种方法验证自己想法，在做中学；

（4）结合已有经验进行联想或想象，在不同问题情境中尝试独立或合作解决。

整体主义教育观指出完整的生命体应该具备灵性，并提倡重视培育人的灵性。在这一理念的指导下，我园特别强调培养儿童“有活力”。园所和教师致力于创造丰富多彩的学习环境，激发儿童的好奇心、创造力和积极性，以培养他们内在的灵性特质。通过富有启发性的教学活动，我们努力引导儿童在学习中体验生命的美好，塑造有思考力、有深度、有情感联结的儿童，使他们在成长过程中展现出内在的光芒。

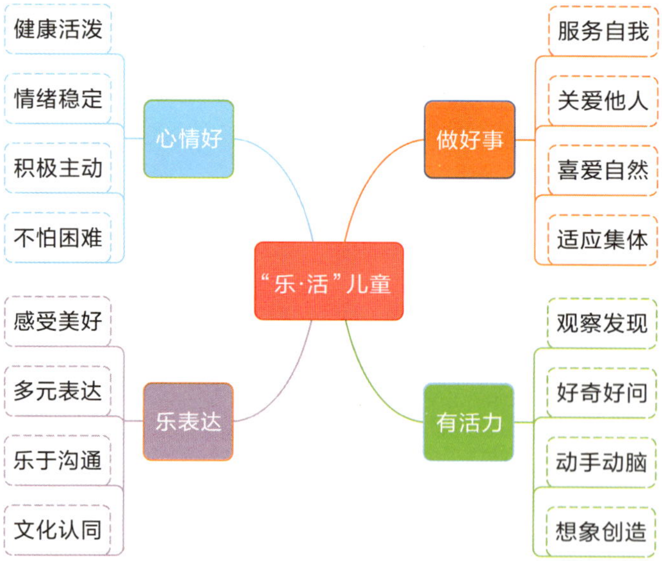

图 2　“乐·活”教育的课程目标

继上所述，“乐·活”教育的育人目标为培养整全的儿童，强调培养儿童在个体差异的基础上达到乐己、乐人、活健、活泼的状态。这一育人目标的设定是为了回应社会对于教育转型的需求，提倡培养更加全面发展的个体，注重儿童身心健康和社会情感能力的培养。在教育实践中，愚一幼儿园不仅传承了这一育人目标，更将其与园本课程目标融为一体。

在“乐·活”教育的框架下，幼儿园关注了儿童在三个重要关系层面的发展。首先是“人与自我”，即注重培养儿童的个体意识和自我认知，让他们在实践中认识自己、发现潜能。其次是“人与自然”，即通过自然探索、生态教育等方式，激发儿童对自然的兴趣，培养环保意识和责任心。最后是“人与社会”，即倡导通过协作学习、社交活动等方式，培养儿童的合作精神和社会适应能力。在实施中，将“乐·活”教育的课程目标定位为培养做好事、心情好、乐表达、有活力的儿童。这样的目标设定更具体、更注重实际行为和心理状态的培养。最后，为了确保育人目标和课程目标能够在实际教育教学活动中得到有效贯彻，幼儿园强调教师应不仅是知识的传递者，更是活动的组织者和引导者，为孩子们创设出一个充满活力和欢乐的生活乐园，让每一个孩子都能在其中自由成长，发现自己的独特之处。

第二章

理想课程的追求：
让幼儿在大自然、大社会中成长

《上海市学前教育课程指南》提出：课程内容涵盖生活活动、运动、学习活动和游戏活动四大板块，并要“构建以整合、开放为特点的课程内容”，通过共同性课程和选择性课程的实施，来满足不同幼儿园、不同发展水平幼儿的需要。基于此，愚一幼儿园的课程框架也分为共同性课程和选择性课程。其中，共同性课程的内容主要来自四大板块教师参考用书。在共同性课程的实施过程中，幼儿园结合陈鹤琴的“活教育”思想，以园为本，全员参与，以开放的视野思考教育，生成并逐步完善和优化了选择性课程（即“乐·活”特色活动），让幼儿以自由的生活体验成长。

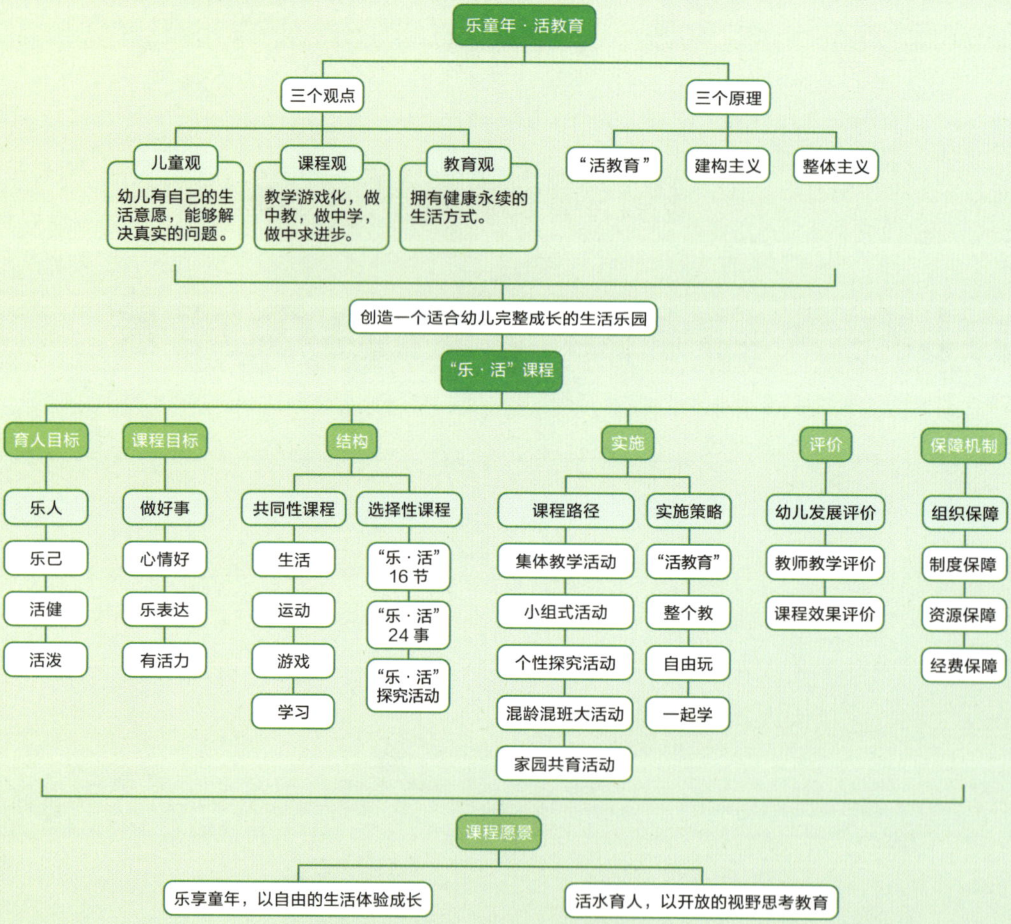

图3　“乐·活”课程框架图

“乐·活”课程有三个方面的具体指向：其一，课程以“幼儿发展优先”为原则，基于儿童发展的规律与需要，促进每一个幼儿的完整且可持续发展；其二，课程是成人与幼儿共同创造的，儿童既是课程的资源，又是课程的创生者；其三，教师的教既要顺应儿童的自然发展，又要把儿童发展纳入社会需要的轨道。通过共同性课程和选择性课程的开展，创造一个适合儿童完整成长的生活乐园，整体构建三年一贯的家、园、社会一体式课程体系，回归幼儿真实生活，以适应不同背景、不同发展水平幼儿的需要。

第一节 共同性课程的“乐·活”探索

随着“二期课改”的深入，愚一幼儿园全面贯彻《指南》，在共同性课程中以生活活动、运动、游戏活动、学习活动为幼儿园一日生活最基本的活动形态，强调每一种活动的综合教育作用，以及不同活动之间的互动与渗透。随着共同性课程的持续实践，我们开始思考将共同性课程与“乐·活”理念相结合。当时，有学者提出，上海“二期课改”的新课程所追求的课程理想尽管具有鲜明的时代特征，但在价值观上，与陈鹤琴先生的“活教育”思想是一致的。“活教育”与“新课程”的目标，在体现全面发展、和谐发展的目的论上，在强调教育为培养适应社会的人、适应未来世界的人的服务观上，有着相当的趋同性。[1] 这使我们对共同性课程的“乐·活”探索有了信心。因此，我们在共同性课程中融入了“乐·活”课程理念，开启了共同性课程的“乐·活”实践。其园本化设计、实施流程见下图。

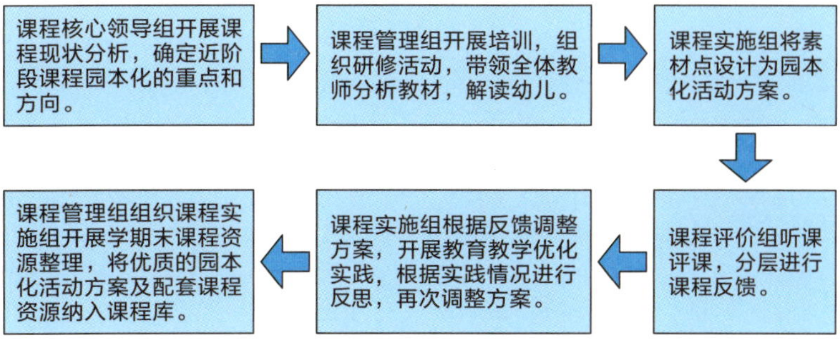

图 4 “乐·活”共同性课程园本化设计、实施流程图

[1] 夏秀容.“活教育”与新课程[M]. 上海:上海教育出版社,2005.

共同性课程如何与“乐·活”理念相结合呢？我们把握好现实基础，优化共同性课程的实施。具体体现在以下三个方面。

一、共同性课程形式的立体化

过去，我们在实施共同性课程时，都会聚焦于生活活动、运动、游戏活动和学习活动四大板块，但每个板块在安排上相对独立。

表 1　幼儿园一日作息安排表（2018 年版）

时间 日期	周一	周二	周三	周四	周五
8:00—9:20	来园接待 个别化学习 （早点、生活）	来园接待 阅读室 （早点、生活）	来园接待 创意室 （早点、生活）	来园接待 个别化学习 （早点、生活）	来园接待 个别化学习 （早点、生活）
9:20—10:10	混龄运动 生活	混龄运动 生活	混龄运动 生活	混龄运动 生活	混龄运动 生活
10:10—10:40	学习	学习	学习	学习	学习
10:40—11:00	自由活动	自由活动	自由活动	自由活动	自由活动
11:00—14:30	生活 （午餐、散步、午睡、整理）	生活 （午餐、散步、午睡、整理）	生活 （午餐、散步、午睡、整理）	生活 （午餐、散步、午睡、整理）	生活 （午餐、散步、午睡、整理）
14:30—14:50	生活（午点）	生活（午点）	生活（午点）	生活（午点）	生活（午点）
14:50—15:30	建构室	建构室	游戏室	沙水游戏	游戏室
15:30—16:10	运动（场地B）、生活	运动（场地C）、生活	运动（场地D）、生活	运动（场地A）、生活	运动（场地B）、生活
16:10	离园	离园	离园	离园	离园

幼儿园课程不是独立的，是整合的、相互联系的。结合“乐·活”办园理念，

在共同性课程实施的过程中，我们打通课程时间与空间的边界，摆脱单一的课程形式，来满足不同幼儿的需求。在打通时间边界的实践上，我们运用整合柔活的课程实施方式，尝试打通不同活动形式的边界，给予幼儿更多自主探索的时间，使幼儿在园的一日生活松弛自如，并实现不同活动的相互渗透和融合。

表 2　幼儿园一日作息安排表（2023 年版）

时间	中班	时间	大班
8:00—9:00	运动（含早点）	8:00—9:00	运动（含早点）
9:00—10:00	户外游戏	9:00—10:00	“乐·活”主题活动（含集体活动）
10:00—11:00	“乐·活”主题活动（含集体活动）	10:00—11:00	户外游戏
11:00—15:20	乐活时光（特色活动、午餐、散步、午睡、午点）	11:00—14:30	乐活时光（特色活动、午餐、散步、午睡、午点）
15:20—16:00	运动、生活（含午点）	14:30—15:20	运动（含午点）
16:00—	离园	15:20—16:10	乐活时光
		16:10—	离园

在打破空间边界的实践上，我们践行陈鹤琴提出的“大自然、大社会就是活教材”。例如，我们都知道，《幼儿园工作规程》中提出游戏是幼儿园的基本活动。游戏的过程即幼儿发展的过程，其中隐藏着重要的教育动因，内含着教育方法的契机，因而有着不可忽视的教育价值。[1] 因此，我们也非常重视游戏活动。在过去的游戏活动实施中，我们更多以室内游戏为主，在教室里创设了娃娃家、小医院、理发店和餐饮店等游戏情境。但这样的情境不是“乐·活”教育理念所推崇的“活”。因此，我们转变了观念，基于陈鹤琴“活教育”思想，鼓励幼儿在“大自然、大社

[1] 华爱华. 幼儿游戏理论[M]. 上海:上海教育出版社,2015.

会”中去尽情游戏：户外沙水区、草坪、操场都是游戏的场地；自然物、替代物等都是游戏的材料。幼儿在户外自由自在地游戏，感受四季的特点和变化，同时也会自己创设出娃娃家、小医院、理发店和餐饮店等游戏情境。在集体教学活动中，我们也尝试走出教室，让幼儿到大自然、大社会中去亲身体验，习得经验。如在小班集体教学活动中，教师会和幼儿走出教室，到户外感受春雨。

二、共同性课程内容的多元化

共同性课程内容的多元化主要体现在充分开发与利用资源上，这拓展和丰富了共同性课程的内容。

开发资源体现在除了教师参考用书中的内容外，我们根据幼儿园实际情况，针对如何充分利用园内外资源进行了反思与梳理。我们针对原有的“乐·活”课程资源库，收集教师的困惑与建议，通过全员全过程的参与，重新梳理并优化“乐·活”课程资源库，整合了各类园内、园外的资源，并形成了一系列图文资料，便于教师检索和选用。

对于幼儿园园外资源地图的运用，我们基于活动实际开展的主题内容进行聚焦，再对这项内容可挖掘的资源进行探索，例如在科技嘉年华活动中，我们开发制作了幼儿园科技资源地图。

三、共同性课程实施的个性化

在共同性课程的实施中，我们发现教师的课程班本化意识逐步增强，教师基于幼儿的兴趣点自主开展班本化课程。班本化课程的开展也助推共同性课程走向了个性化。

陈鹤琴提出："教材是活的，方法是活的，课本也是活的。"[1] 在学习活动中，教师使用"二期课改"教材学习活动的教师参考用书时，会对书中的内容进行解读，用活参考用书、用活教学方法。有时，教师会根据主题中幼儿自主探究的兴趣点生成相应的集体教学活动和个别化学习活动。

例如在大班"我们的城市"主题中，安化大一班（以下简称"大一班"）的幼儿对于我们的城市提出了很多的"为什么"，这些问题有的是教师参考用书中未曾提及的，只跟着参考用书组织活动满足不了幼儿当前的兴趣点。就像他们对"地下城"感兴趣，我们的城市里有那么多在地下的基础设施，"地下城"到底有什么秘

[1] 夏秀容. "活教育"与新课程[M]. 上海:上海教育出版社,2005.

密呢？基于此，大一班生成了一节关于地下城的集体教学活动。此外，大一班教师根据班级幼儿当前的兴趣点（城市景点、城市交通和城市建设），生成了班本化的个别化学习活动，鼓励幼儿在过程中自主学习、合作学习和探究学习，满足不同幼儿在当前主题活动中的不同兴趣点和学习需求，因材施教，尊重了个体差异。

又例如大一班幼儿注意到了早晨来园时校门口的堵车现象。如何缓解交通压力呢？班级里的交警爸爸来到教室里，和幼儿一起讨论。这样的集体教学活动和个别化学习活动是大一班个性化的，是教师基于幼儿兴趣点的班本化课程实施实践，幼儿也在过程中发现和探索聚焦其兴趣点的真世界，获得真知识。

“我们的城市”主题集体教学活动方案

活动名称：地下城的秘密（大班上）

活动目标：

1. 在分享和游戏过程中，感知城市地下建设的智慧，激发爱家乡的美好情感。

2. 大胆表达自己的发现，发展初步的空间思维能力。

重难点分析：

1. 活动重点——拓展有关城市地下的经验，感知上海城市地下建设的丰富性。

2. 活动难点——理解城市建设者在建设中的智慧，激发爱城市、爱家乡的美好情感。

活动准备：

1. 经验准备——

（1）了解并搜集关于城市地下设施的信息

（2）具有一定的空间思维能力

2. 物质准备——自制多媒体课件、7 块游戏底板活动过程：

1. 聊聊地下有什么——通过幼儿找到的资料回顾关于城市地下的经验

关键提问：你去过的哪些地方，在我们城市的地下？为什么这些设施要建造在城市的地下呢？

小结：为了拓展我们的空间，城市的地下已经出现了越来越多人类生活的场所，有地下停车场、餐厅，还有四通八达的轨道交通等。

2. 猜猜地下还有什么——分组完成城市地下场景图，感受城市设计的智慧

（1）猜设施

关键提问：观察地面，你能猜到每幅图的地下有什么吗？

小结：地面上每栋建筑的地下都有不同的设施，居民楼的地下也许有下水管道；变电站的地下可能有电缆……

（2）拼场景

关键提问：这是地下的什么场景？它为什么要建设在地下呢？

小结：地下的设施，有的为了便捷，有的为了安全，还有的为了给地面留出更多空间，每项设施的设计都需要设计师们的智慧和心血。

（3）排层次

关键提问：你们能看懂这个关于地下的秘密吗？它是什么意思？

小结：原来不同的设施在地下还有不同的深度分布，要合理设计，才能把地下那么多的设施安排得井井有条。

3. 说说地下还能有什么——激发进一步探索城市地下的兴趣

关键提问：如果让你们来建设城市地下，你还想怎么设计呢？

小结：城市的美好生活，还等着你们每一位充满智慧的小梦想家去建造哦！

（陈璐）

“我们的城市”主题个别化学习活动方案

主题：我们的城市

“核心经验”关键词			
情感与态度	认知与能力	动作与技能	表达与表现
·爱城市、爱家乡	·特征（城市的建筑、道路交通、生活设施等） ·变化（城市的过去、现在、未来） ·关系（城市与人的生活）	·动手与动脑（对于美的鉴赏力和创造力） ·种植（照料植物）	·创意设计（未来城市、汽车、广告等） ·说说唱唱（上海说唱、童谣等）

“乐·活”探究活动		
幼儿当前兴趣点	幼儿可能产生的探究点	与主题核心经验的关系
1. 关于城市景点： 感受和关注自己生活、成长的这座城市，话题往往围绕城市各类设施和景点，如：上海迪士尼、海昌海洋公园、上海自然博物馆…… 2. 关于城市交通： 出游或来、离园过程中观察到车流， 体会上海人多、车多的特点，如每次出去玩都堵车、到了玩的地方也找不到停车位；甚至每天来幼儿园，门口也会堵车…… 3. 关于城市建设： 每天来幼儿园途中，幼儿园附近的环境变化会引起	1. 同伴喜欢的上海景点、标志性建筑大调查。 2. 怎样使上海的生活变得更美好（如怎样使上海不堵车）。 3. 设计最有创意的城市建筑或用艺术的表现手法呈现上海的建筑。	随着时代的进步和科学技术的飞速发展，上海这座城市时刻发生着翻天覆地的变化。 “我们的城市”主题，是幼儿关心、发现自己周围生活环境的契机，也是畅想家乡美好未来的生长点。在“乐·活”探究活动中，幼儿能通过各类活动（包括家园互动）尝试多途径收集和交流信息，在观察、思考、提问、讨论与动手操作中，获得对城市中形态各异的建筑、四通八达的立体交通、便捷宜居的生活方式等方面的经验，以及对城市中新鲜事物出

<table>
<tr><td>幼儿关注，如：为什么幼儿园门口一直在挖路？为什么房子建好了还要拆……</td><td></td><td>现的好奇与求知；了解城市的过去、现在和未来，也了解这些变化与人们生活的关系；感受城市生活越来越美好，萌发爱家乡的美好情感，从而激发探索与创造的欲望，引发“如何让城市变得更加美好”的畅想。</td></tr>
<tr><td colspan="3">材料与环境的支持：
1. 师幼共同调整教室场地、墙面、空间布局等，满足幼儿探究需要。
2. 师幼共同整理幼儿收集的关于城市、交通工具等的主题相关图书、绘本、照片、资料等，布置资料库。
3.《“乐·活”探究手册》（包括我们的问题、我们知道了、我们想怎么做、我们遇到的困难、我们的好办法、活动结束啦）。
4. 提供场所、时间、机会让幼儿在集体面前通过讲故事、介绍图书、讲解海报等形式，分享自己的问题、发现和成果。
5. 提供各类便于幼儿表达表现的美术工具、低结构材料、装饰材料、废旧材料及其他幼儿需要的工具和材料等。
6. 根据幼儿需要，协助幼儿联系班中工作内容与汽车、建筑、市政等相关的家长资源；为幼儿提供采访幼儿园门口施工人员的机会和安全保障。</td></tr>
</table>

在共同性课程的“乐·活”探索中，教师看到了幼儿发展更多的可能性，也发现了幼儿园的共同性课程和选择性课程从以往完全割裂的两个板块到如今相互糅合，共同性课程也蕴含着“乐·活”精神。共同性课程的探索之路还将持续，将和“乐·活”特色活动一起创造一个适合儿童完整成长的生活乐园，培养乐己、乐人、活健、活泼的儿童。

第二节　先行探索，优化提升：“乐·活”16节

幼儿都喜欢过节，成人后的我们也许还记得儿时对节日的向往。幼儿园节日活动是指教师根据幼儿身心发展特点与教育目标，有计划、有组织地利用幼儿园的环境和材料，或提供能具体生动地感受节日文化、体验节日习俗的现实生活场景，使幼儿认识与理解相关节日文化及其精神内涵、感受节日中丰富的人际互动、积累社会交往经验，并实现相关情感、行为与能力等方面全面和谐地发展的教育活动。[1]同时，节日教育也成为联结幼儿园与家庭的重要纽带，帮助家园步调一致以取得良好的教育效果。[2]

一、“乐·活”节日活动的初探

为了更好地落实“乐童年·活教育”的办园理念，幼儿园开展了“乐·活”教育特色课程建设，自此，开启了对“乐·活”节日活动的实践研究。“乐·活”节日活动是幼儿园“乐·活”特色活动的第一次探索。

在共同性课程实施的过程中，我们使用“二期课改”下的四大板块教师参考用书。经过对教师参考用书的解读，我们发现与节日活动相关的内容基本聚焦在学习活动参考书之中。教师结合此书，梳理出与节日活动有关的活动。

[1] 李娜. 幼儿园节日活动中社会教育的现状研究[D]. 南京师范大学,2016.

[2] 郭祥. 华德福幼儿园传统节日研究[D]. 浙江师范大学,2012.

表 3　学习活动教师参考用书中的节日

年龄段	主题	节日
小班	过年啦	春节、元宵节
中班	寒冷的冬天	春节、元宵节
	幼儿园里朋友多	儿童节、教师节
大班	我是中国人	国庆节、春节、元宵节、中秋节、端午节

由上表的内容可知，学习活动教师参考用书中所提及的节日共有 7 个，其中春节、元宵节是小、中、大班三个年龄段都提及的；中秋节、端午节和国庆节是大班年龄段出现的；面向特定人群的 2 个节日（儿童节、教师节）则在中班主题中提出。由于每个年龄段的学习活动是基于主题开展的，而节日活动并非幼儿学习活动的全部内容，因此在学习活动主题中还有其他的节日没有涉及是必然的。

有研究表明，节日活动对幼儿的社会性发展有极大的推动作用。基于“乐·活”育人目标和当下社会背景等因素，幼儿园结合“二期课改”中的 7 个节日活动所涉及的主题目标与幼儿的阶段性发展水平，删除了不是以幼儿作为主体开展的教师节，保留了其余 6 个节日。此外，在这 6 个节日的基础上增加国际性纪念日主题（如三八妇女节）。同时，在选择人文素养教育主题时，丰富了科学素养主题（如科技嘉年华、图书漂流等），还融入了家长参与的家园共育节日（如运动会、毕业典礼等），切实将大自然、大社会的“活教育”精华浓缩在“乐·活”节日活动中。此时的活动开展更多采取的是教师主导和设计、幼儿参与的活动方式。最终，按照每学期开展的时间进程，我园初步设计了 20 个节日活动。

表 4　“乐·活”节日活动内容

序号	月份	名称
1	9 月	快快乐乐开学啦
2		团团圆圆迎中秋

（续表）

序号	月份	名称
3	10月	其乐融融庆重阳
4		阿拉一道庆国庆
5	11月	快乐精灵乐翻天
6		童言稚语话感恩
		健康快乐来运动
7	12月	敲锣打鼓迎新年
		乐活新年小心愿
8		神奇科技嘉年华
9	2月	喜气洋洋送红包
10		欢聚一堂闹元宵
11	3月	浓情三月爱妈妈
12		助人为乐小雷锋
		春暖花开植树忙
13	4月	我的乐活小心愿
14		春风化雨忆清明
15		图书漂流你我他
16	5月	健康快乐来运动
17		粽叶飘香迎端午
18	6月	六一玩具换换乐
19		爸爸爸爸我爱你
20		开开心心毕业啦

注：同一序号下2个节日活动为不同年龄段开展不同的活动

在经过6年的实践探索，我们发现“乐·活”节日活动的开展不仅发展了幼儿的社会性，也是家园共育的良好方式。但随着时代的发展和教师儿童观的更新，在活动的进一步实施中，我们认为以教师为主导实施“乐·活”节日活动不能较好匹配陈鹤琴以幼儿为本的教育思想和时代需要我们如何培养幼儿的命题。因此，从2019年开始，我们对“乐·活”节日活动进行了优化提升。

二、“乐·活”16节的优化提升

对“乐·活”节日活动的优化提升，我们遵循择优、整合和优化三原则，形成“乐·活”16节。

（一）“乐·活”16节的择优

考虑到课程的时间配比、幼儿年龄特点及家长参与度等多方面因素，我们对个别实施效果不佳的活动进行删减，如童言稚语话感恩、助人为乐小雷锋和快乐精灵乐翻天等活动，保留更指向于“乐·活”办园理念的节日活动。

（二）“乐·活”16节的整合

对个别时间节点相近、节日内涵趋同、不同年龄段幼儿可混龄实施的活动进行合并，如将“敲锣打鼓迎新年”与“乐活新年小心愿”进行合并；将个别可与家长资源、社区资源融合的活动进行时间和内容上的调整，如将“健康快乐来运动”调整到上学期，融入“爸爸爸爸我爱你”，并和家长开放日相结合，邀请爸爸来园参加亲子运动会。

经过择优和整合后的“乐·活”节日活动由16个全园性大活动组成，称为“乐·活”16节。

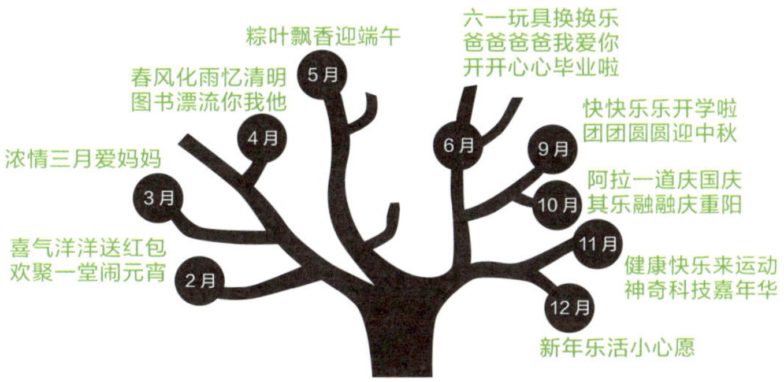

图5 “乐·活”16节

简化后的“乐·活”16节在每个月都有相应的内容。在活动的实施中，不仅幼儿作为参与的主体，我园每个园区也可基于实际情况自主实施。

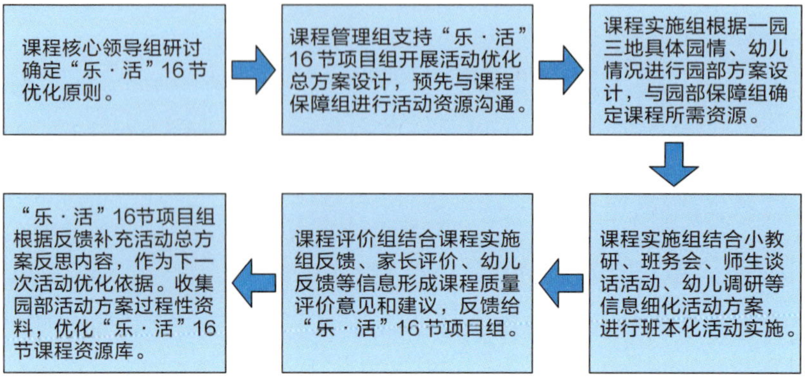

图6　“乐·活”16节设计、实施流程图

（三）“乐·活”16节的优化

在已有的“乐·活”16节活动的实践过程中，立足于幼儿学习的自主性、合作性、探究性，我们对已有的活动方案进行了调整。每个学期，我们有针对性地选择部分活动进行方案和实施环节的优化。在活动前期，我们鼓励幼儿自己通过各种方式表达自己期望的过节方式，在活动开展的过程中，鼓励幼儿自主实施、支持幼儿大胆想象，不仅丰富了幼儿对节日文化的内化和再创造，也使节日活动的总体架构更体现以幼儿为主导，使“乐·活”16节具有传统性和创新性两大特征。

1. 传统性的凸显

“乐·活”16节的传统性体现在国庆节、重阳节、中秋节等节日的活动中。如何让幼儿自由体验传统文化与习俗呢？我们鼓励幼儿用自己的方式去寻找和发现节日的习俗，并用自己的方式记录和表达，并给予幼儿充分的自主与支持。幼儿通过自由讨论，用小组宣讲、制作海报、儿歌表演、故事演绎等多种方式，把自己搜集的信息表达出来。例如，在“阿拉一道庆国庆”的节日大活动中，幼儿先通过多种方式了解我国的传统文化与红色精神，一起听红色故事、探访红色景点，在了解相关背景后，再用自己的方式为祖国妈妈庆祝生日。又如，大班幼儿结合“我是中国人”的主题，开展“中国宝贝猜猜乐”的游戏，并组织了画一幅画送给祖国妈妈等活动。在过程中，区别于以往教师主导下开展的国庆大活动，幼儿可以自主选择活动内容，丰富自己对国庆节的经验，增强民族认同感。

听红色故事

交流分享探访红色景点

中国宝贝猜猜乐

送给祖国妈妈一幅画

2. 创新性的探索

“乐·活”16节的创新性体现在我们将陈鹤琴“活教育”教育思想进行运用，结合家长资源和社会资源，走出教室，面向大社会，让幼儿在面向更加多元化的学习空间和互动群体中去实践与探索。

如“图书漂流你我他”活动，在过去的活动实施中，幼儿会在教师的带领下参与借阅图书、表演故事、故事角色巡游等活动。优化后，幼儿成为活动的实施者。以在2022年开展的图书漂流大活动为例，我们与长宁区工人文化宫合作，幼儿将图书“漂”到了愚园路上，成为主题艺术展览，并面向社会大众开放。参展的作品均为幼儿制作完成，三个年龄段的幼儿都将自己对图书内容的理解创造性地进行了呈现：小班幼儿投票选出了最喜欢的绘本故事《30000个西瓜逃跑了》，每名幼儿在理解书中内容的基础上，根据书中西瓜的形象制作了大小、形态各异的西瓜；中班幼儿根据自己喜欢的图书内容尝试画出各个角色，和家长用多种方式制作了特别的绘本；大班幼儿将自己印象深刻的事情或天马行空的想法尝试通过四格漫画进行表达。在图书漂流布展过程中，幼儿参与环境的布置；面对参观的群众，幼儿化身小小解说员向参观者介绍。本次图书漂流的开展相比以往的活动，给予每名幼儿自主参与的可能性，展览将三个年龄段幼儿的活动有效整合起来，幼儿也在过程中体验了成就感。同时，活动有效整合了社会资源，幼儿家长及长宁区工人文化宫也对本次活动给予肯定。

图书漂流展

小班幼儿参与展览布置

“乐·活”16节作为“乐·活”特色活动的首个探索，经过多年实践、择优、整合与优化后，如今更加符合幼儿的自主学习、合作学习与探究学习。我们对活动实施形式的突破性尝试，也面向了大自然、大社会。

第三节　驰而不息，逐步完善：“乐·活”24事

“乐·活”24事是我园继“乐·活”16节后开展的“乐·活”教育特色课程建设的重要成果。

一、“乐·活”24事的生成

通过2013—2016年这三年的实践研究，我们已经清晰地提炼了“乐童年·活教育”和“乐·活”教育的内涵界定，形成了培养“乐己、乐人、活健、活泼”儿童的育人目标。这一阶段的研究为我们增添了信心，对课程特色有了清晰的方向。但培养“乐·活”幼儿，仅仅依靠“乐·活”16节的开展是远远不够的。为了切实将“乐·活”教育理念落实在幼儿身上，真正培养具有“乐己、乐人、活健、活泼”的儿童，幼儿园在2016—2019年这一阶段将重点聚焦在“乐·活”24事的设计和实施上。

“乐·活”24事的设计同样也离不开“二期课改”的大背景。通过对“二期课改”四大板块教师参考用书中内容和目标的梳理，我们发现，共同性课程的四大板块内容涵盖了幼儿园一日生活的各个部分，但是如何更好地将“乐·活”理念和陈鹤琴教育思想融入这些活动中呢？

表 5　四大板块教师参考书内容大纲

生活活动	运动	游戏活动	学习活动
做力所能及的事	体育器械的运用	幼儿园游戏环境的创设	3–4 岁主题活动
文明的行为举止	基本动作内容	游戏活动的观察与记录	4–5 岁主题活动
保护自己	利用自然因素锻炼	游戏的介入时机和指导方法	5–6 岁主题活动
适应集体	体操	主题学习与游戏活动	

我们将四大板块的内容进行解读，再结合幼儿园“乐己、乐人、活健、活泼”的育人目标和“活教育”思想，每个班级尝试设计符合幼儿发展的“乐·活”24 事，对共同性课程的内容进行补充或深化。经过全园教师的教育实践，我园共原创出 39 个“乐·活”24 事备选内容，并通过实践进行检验和筛选。

表 6　“乐·活”24 事备选内容

年龄段	乐己	乐人	活健	活泼
小班	1. 乐活小咖秀 2. 生活小能手 3. 我喜欢的……	4. 沪语小达人 5. 甜蜜家庭时刻 6. 爸爸去哪儿	7. 睡衣派对 8. 乐活一公里 9. 花盆里的“秘密” 10. 乐活亲子运动沙龙	11. 乐活小侦探 12. 阅读十分钟
中班	13. 今天心情晴 14. 吃饭 go go go 15. “声”临其境	16. 乐活玩具共享站 17. 乐拍小达人 18. 混龄散步	19. 活健小达人 20. 健康金字塔 21. 乐活树林，扫一扫	22. 生活大爆炸 23. 我发现…… 24. 乐活图书馆 25. 奇妙博物馆 26. 美术馆大事记 27. 音乐会
大班	28. 习惯养成记 29. 毕业前的日子	30. 沪语脱口秀 31. 我是乐活小老师 32. 小小朋友圈	33. 运动博览会 34. 护绿者联盟 35. 乐活大改造	36. 你问我答 37. 读书分享会 38. 乐活新闻站 39. 美食

这些内容应该如何与四大板块中的相应内容进行整合与创新呢？以“生活小能手”活动为例，在生活活动教师参考用书中，对于幼儿生活能力的培养聚焦“做力所能及的事”，包括自己进餐、自己穿脱衣服和自己如厕三部分。书中内容是将三个年龄段幼儿的培养进行整合，教师需要根据不同年龄段幼儿的发展水平选择方案和指导策略。而“生活小能手”则聚焦小班年龄段，将小班阶段与穿脱衣服有关的活动分解在每一个月中，包括 10 月穿开衫和裤子、11 月学挂钩钩和包肚子、12 月学脱开衫和穿外套、第二年 1 月学叠衣服和脱套衫，并通过集章的方式鼓励幼儿积极参与，将自己穿脱衣服这一能力进行深化，不仅结合了教师参考用书中的内容，也将“乐己”目标融入其中，帮助小班幼儿顺利掌握穿脱衣服的技能。

二、“乐 · 活”24 事的逐步完善

经过三年的实践，我们于 2019 年 4 月完成了 39 个备选内容的活动方案及配套课程资源的构建，并从 2019 年下半年开始对从中筛选形成“乐 · 活”24 事进行思考。对于筛选和完善“乐 · 活”24 事，我们运用了调研和创新两种方法。

（一）对“乐 · 活”24 事的调研

没有调研，就没有发言权。我们对“乐 · 活”24 事备选内容的实施进行全园问卷调研，以此为“乐 · 活”24 事提供优化的依据和方向。分析回收后的问卷发现，我园全体教师都认为有必要开展该课程，对于幼儿发展有推进作用。其中，有 37.2% 的教师建议对现有活动进行优化完善，希望活动能够更加目标明确、特色明显、分配合理、操作方便，能促进幼儿在体验、探索中自主发展，并建议能和基础性课程整合，渗透于一日生活中。因此，我们删除了与共同性课程重叠较多、对课程资源要求较高、实施效果不良及不利于幼儿长期发展的 15 个活动，最终明确了 24 个活动内容，并调整了个别活动名称，丰富了配套课程资源。

活动名称	目标侧重
我喜欢的	乐己
生活小能手	乐己
和爸爸在一起	乐人
乐活一公里	活健
阅读十分神	活泼

活动名称	目标侧重
“声”临其境	乐己
乐拍小达人	乐人
甜蜜家庭时刻	乐人
乐活玩具共享站	乐人
乐活亲子运动沙龙	活健
乐享书吧	活泼

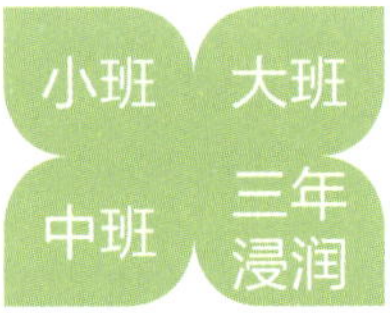

活动名称	目标侧重
乐活小记者	乐己
乐活小老师	乐己
小小朋友圈	乐人
乐活大改造	活健
绿色之旅	活健
你问我答	活泼
读书分享会	活泼

活动名称	目标侧重
小咖秀	乐己
吃饭 go go go	乐己
混龄散步	乐人
我和大师有个约会	活健
睡衣派对	活健
奇妙博物馆	活泼

图 7　“乐·活”24 事

从图 8 可以看出，优化后的“乐·活”24 事根据幼儿年龄特点和发展水平不仅分为小班、中班和大班实施的活动，还有三个年龄段幼儿共同参与的活动。“乐·活”24 事的开展，可基于不同年龄段幼儿当前的经验与兴趣点，在年级组小教研过程中，选择符合该年龄段适合的活动进行开展。

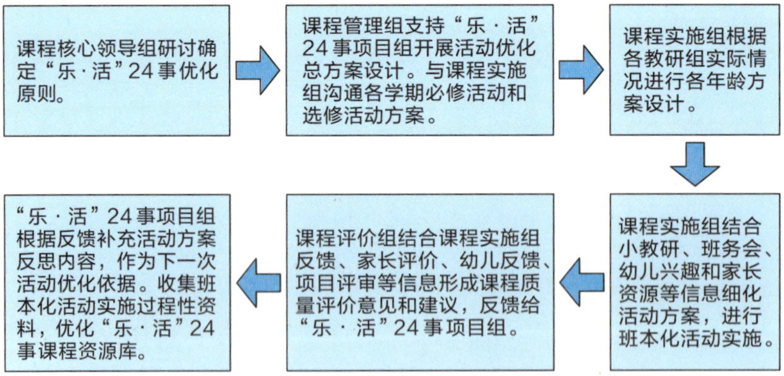

图 8　“乐·活”24 事设计、实施流程图

（二）对“乐·活”24事的创新

“乐·活”24事的数量优化后，我们发现虽然数量减少了，但原有的方案并没有充分体现幼儿学习方式的自主性、合作性和探究性。因此，在2019年开始的实践探索中，我们基于陈鹤琴思想与儿童学习方式对活动的内容与实施进行了思考，调整活动方案，使其更加具有儿童视角，活动实施的过程更重幼儿亲身体验。

1. 活动方案更体现班级自主

以“生活小能手”活动为例，最初的活动方案将活动内容分解到了每一个月，更新后的活动方案针对小班幼儿，聚焦“穿脱裤子我最棒”“我会穿衣服”“我会洗手”和“我会自己吃”四个方面，每个方面都要进行集章和分解。幼儿把这样的集章页面带回家后，家长也可以根据上面的儿歌提示来鼓励孩子自己的事情自己做。这样的改变，不局限于对小班幼儿自己穿脱衣服能力的培养，而是着眼于小班幼儿在生活方面需要克服的难题各个击破。同时，活动的开展没有时间的限定，这给予教师更多的自主权，教师可以基于班级幼儿自我服务能力发展的水平，有针对性地挑选自己班级要开展的活动。

图9 “生活小能手”——“我会自己吃”集章页面

2. 活动内容更强调三方协同

我们认为“乐·活”24事内容和开展形式都是多元化的，并且重点突出了“浸润”。何为“浸润”？在我们看来，就如同陈鹤琴指出的儿童活动组织的原则是“根据儿童生活需要”和“根据儿童学习兴趣”一样，“浸润”是活动可融入幼儿在园的一日生活之中，是打破家、校、社区（会）壁垒的。

例如“我和大师有个约会”这一活动，在过去的活动实施中，幼儿去美术馆、音乐厅感受过艺术之美后，就给活动画上了句号。有时，家长由于时间原因，未能带孩子去现场感受。因此，幼儿在活动中并未“浸润”地感受艺术，家长也不能完全体会到活动的价值。在优化后的活动方案中，我们除了鼓励幼儿去各种艺术场所欣赏和感受之外，还鼓励幼儿向同伴、老师、家人等介绍自己喜欢的艺术家，并去临摹或聆听作品等。我们会将幼儿的作品和收集到的各种乐器在园内进行展览，幼儿可以在展览现场与参观者进行互动。此外，我们邀请有艺术特长的家长来幼儿园为幼儿展示才艺并进行互动，如舞蹈家妈妈现场展示，并和幼儿一起玩玩有关芭蕾舞的小游戏；请画家爸爸来到班级里带领孩子们开展美术活动，爸爸在活动前撰写了具体的活动方案，还在活动中带来了康定斯基作品“微展览”，并在对其画作进行讲解后，鼓励幼儿大胆创作。通过活动的优化，幼儿浸润在艺术的世界里，感受艺术气息、领略艺术之美。

家长进课堂活动方案（总 1 课时）

授课方法与手段：

1. 在授课过程中，按照教学大纲讲解、分析。利用实物与图片展示的形式向幼儿讲授理论，进行作品分析。

2. 在教学过程中，根据幼儿年龄特点，根据全班、小组到个人的解读能力深入浅出地进行讲解、辅导、作品分析。在必要时进行技术示范。

3. 利用实物、网络资源、图片相结合的方式进行答疑辅导。

4. 准备点、线、面的材料，辅导幼儿完成至少一件课堂作品，可以利用绘画与拼贴相结合的方式，根据每名幼儿的喜好与特点，逐一进行指导。

5. 在完成教学任务的同时，推荐幼儿在课后观摩展览，培养幼儿的艺术兴趣与学习积极性，开拓艺术视野。

基本教学内容及时间分配：

第一阶段——微型美术馆（总计 15 分钟）

1. 利用图文展示的方式，把教室布置成一个微型的美术馆。让幼儿能直观地看到大量的大师作品图片。

2. 课堂讨论。

第二阶段——走近大师（总计 10 分钟）

1. 讲解大师的艺术履历。

2. 讲解大师不同时期的作品风格和创作理念。

3. 讲解大师作品的技法。

4. 讨论大师作品与自己作品的相同与不同处 。

第三阶段——艺术创作（总计 20 分钟）

1. 根据大师的作品与绘画风格进行绘画实践（纸张大小：13 厘米 × 18 厘米）。

2. 进行点、线、面的拼贴实践（纸张大小：13 厘米 ×18 厘米，要使用胶棒或双面胶粘贴固定）。

3. 把拼贴作品进行装裱、展示。

第四阶段——课外调研（推荐幼儿与家长自行前往）

1. 参观西岸美术馆展览：抽象艺术先驱——康定斯基。

2. 参观上海当代艺术博物馆：水体——上海双年展。

3. 参观复兴艺术中心：安藤忠雄“挑战”建筑回顾展。

“乐·活”24 事在 6 年的时间里逐步完善。优化提升后的“乐·活”24 事是润物细无声的教育，它更加满足幼儿的发展需求和兴趣，给予幼儿更多的自由和选择权，为幼儿学习方式的转变带来了更大的可能性，具体实施过程与成果将在后文详细描述。

第四节 育种新苗，茁壮成长：“乐·活”探究活动

“乐·活”探究活动是一种探究式的学习方式，是我国新一轮基础教育改革课程中大力提倡的一种学习方式。同时，“乐·活”探究活动在传承陈鹤琴先生“活教育”思想的基础上，吸纳项目式学习的精髓，为每名幼儿提供个性化学习路径和空间。

在我园以往开展的活动中，探究活动这种学习载体还散见于其他的活动中，且尚未完全形成完整的实施步骤及活动体系。因此，在本轮课程优化实施的实践中，“乐·活”探究活动就如同新萌发的幼苗，我们将其作为重点研讨内容，使其在一边实践一边梳理经验中茁壮成长。

一、“乐·活”探究活动的持续发展

自 2019 年下半年开始，我园开始了为期三年的课程实施优化实践。我们着重以共同性课程中的个别化学习活动为切入点，以“乐·活”探究活动为主要载体开展，借此给予幼儿更多学习内容和学习路径的选择和体验空间，在过程中关注幼儿的自主学习、合作学习与探究学习。

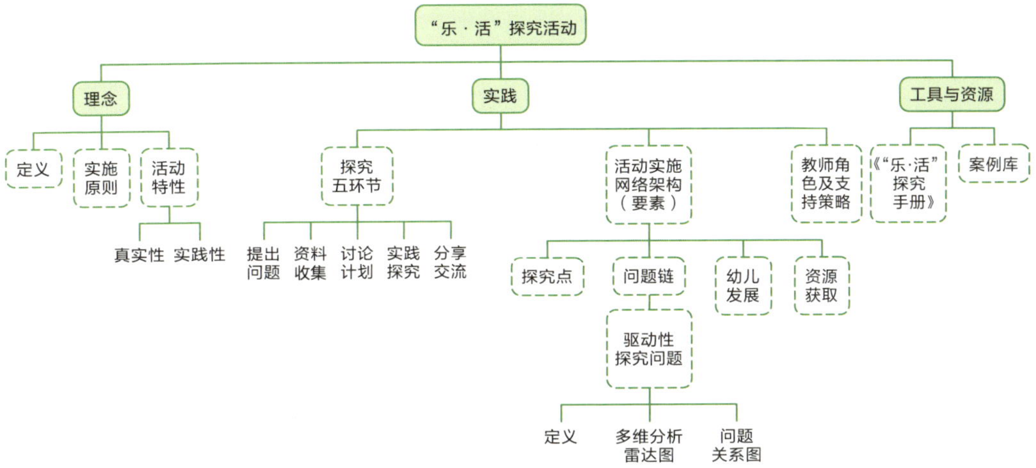

图 10 “乐·活”探究活动

“乐·活”探究活动指幼儿源于兴趣，以个人或小组的形式，为解决一个具有适宜挑战性的真实问题而进行的一系列持续性探究学习活动，在此过程中实现学习方式的转变，获得关键能力的发展。“乐·活”探究活动的特性包含真实性与实践性。其中，真实性体现在探究活动是基于“大自然、大社会都是活教材”，活动充分体现真问题、真体验、真解决，更关注真实生活、真实社会之间的联结；实践性体现在探究活动基于“做中学”，活动中幼儿作为实施主体，体现持续的实践过程，不仅仅停留在操作层面，更伴随互动联系、创造性思维、对实践的反思等，牢固实践经验。

在我园课程实施优化实践中，关于“乐·活”探究活动我们没有急于去实践，而是在一开始组织教师精细化学习陈鹤琴“活教育”思想和项目化学习案例，在部分班级试点开展主题探究活动，并以此为案例进行园本教研。

通过前期理论的梳理和案例分析反思，我们夯实了理论基础，基本厘清了“乐·活”探究活动的实施路径。由此，我们开始尝试在全园开展“乐·活”探究活动。从 2021 年 2 月至今，我园基于“二期课改”3—4 岁、4—5 岁和 5—6 岁学习活动教师参考用书中的 48 个主题，共开展了 88 次“乐·活”探究活动，其中小班年龄段 28 次、中班年龄段 30 次、大班年龄段 30 次。通过这些“乐·活”探究活动的开展，我们在实践中发现，我园的共同性课程和选择性课程从以往较为割裂的状态，到如今相互糅合了，共同性课程也蕴含了“乐·活”精神，为促进幼儿完整成长提供实证依据，体现了“乐·活”探究活动的真实性与实践性。

二、“乐·活”探究活动的真实性

真实性是“乐·活”探究活动的特性之一。在我们看来，真实就是要“鼓励儿童去发现他自己的世界”。这也是陈鹤琴先生提出的“活教育”十七条原则之一。他指出：“儿童的世界多么大，有伟大的自然，亟待他去发现；有广博的大社会，急待他去探索。什么四季鲜艳夺目的花草树木，什么光怪陆离的虫鱼禽兽，什么变化莫测的风霜雨雪，什么奇妙伟大的日月星辰，都是儿童的知识宝库。”

幼儿对大千世界充满好奇，他们的脑海里有着数不清的“为什么”，教师作为幼儿的重要他人，在师幼互动的过程中，如何支持他们自己解答这些“为什么”呢？我们就通过“乐·活”探究活动来解决。在“乐·活”探究活动开展的过程中，幼儿基于自身提出的真实问题，自主参与、合作探究，运用各种工具、尝试多种方法和通过多元表达来解答他们的“为什么”。幼儿亲身经历“乐·活”探究活动的五环节，建立起他们自己对世界的认识，习得各类经验。

此外，在班级开展“乐·活”探究活动的过程中，教师的儿童观、课程观也在逐渐转变。在幼儿建立起对真实世界经验的过程中，教师和幼儿一起去发现身边的“活教材”：操场、社区、街道、博物馆……我们走出班级、走出校门，在“乐·活”探究活动中看见社会的广博、感受自然的伟大。

例如，在大班幼儿开展“机器人”的“乐·活”探究活动时，走出校园，来到了中国科学院（上海分院），与科学家聊聊自己对于机器人的想法、看看真正的机器人、听听科学家的讲解、画画自己听到的内容。幼儿在真实的场景中，了解机器人，发现机

器人的奥秘，将这些收获带回幼儿园后，继续开展“乐·活”探究活动，这样的探究，更加真实。

又如中班幼儿在下学期开展的“种植玉米”的“乐·活”探究活动。当幼儿种下的玉米终于将要长出果实时，暑假来临，幼儿放心不下玉米，这可怎么办呢？部分幼儿自发组成了玉米小队，在暑假期间来幼儿园照顾玉米。在这样真实的问题情境下，幼儿自主解决照顾玉米的时间安排问题，个别幼儿还调整假期出游时间来照顾玉米，同时也经历了玉米生长的全过程。连同家长也一起经历了整个探究活动，一起期待玉米的成长，一起感受生命的力量。

陈鹤琴先提出：“儿童的世界，是儿童自己去探索、去发现的。他自己所求来的知识，才是真知识，他自己所发现的世界，才是他的真世界。”“乐·活”探究活动的真实性便是如此体现，幼儿自己去发现他们的世界，便能建构他们的真知识、发现他们的真世界。

三、“乐·活”探究活动的实践性

正如陈鹤琴先生所说，没有一个儿童是不好动的，也没有一个儿童是不喜欢自己做的。因此，他十分注重“做”在课程实施中的作用。在上海“二期课改”和新教材的实施中，也同样强调幼儿自主实践。基于此，“乐·活”探究活动的另一个特性便是实践性。

在开展“乐·活”探究活动的过程中，不同年龄段的幼儿都通过亲身实践经历了探究。我们相信儿童是有能力的学习者。因此，基于对幼儿已有经验和发展水平的了解，凡是幼儿能做的，都让他自己做。在“乐·活”探究活动中，幼儿自己做过了，就有了自己的感受，获得了直接经验。如果在解决问题的过程中遇到了困难，幼儿也会感受到什么是挫折，培养迎难而上的意志品质。幼儿在“做”的过程中，解决真实问题、建构经验、获得成功的体验。例如案例“怎样量头围”，便是幼儿通过自主探究、合作解决问题的体现。

案例：怎样量头围

中班下学期，孩子们希望能表演故事《三只蝴蝶》。在准备的过程中，他们分小组进行头饰、服装、背景的制作。心心和萌萌在制作花姐姐的头饰时遇到了问题：用直尺量头，头圆圆的，直尺硬硬的，不能量呀，怎么办？

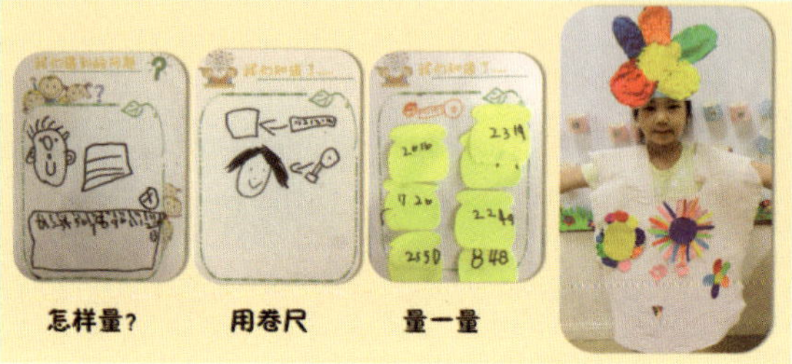
怎样量？　用卷尺　量一量

于是她们一起想办法解决问题，基于在学习活动中学过的《熊猫百货商店》里面帮长颈鹿量脖子的经验，她们发现了卷尺，并向班级里其他朋友征集卷尺。第二天，有朋友就带来了卷尺。

最后，她们用了卷尺成功量出头围，做出了头饰，戴在头上试一试，正好。她们为自己成功做出了头饰而喜悦。

（徐博文）

幼儿在参与“乐·活”探究活动的过程中，“做”是贯穿始终的要素，就如陈鹤琴先生所言，要知道做事的兴趣，愈做愈浓，做事的能力，愈做愈强。幼儿通过“乐·活”探究活动，去亲身实践，认识世界、探索世界。

“乐·活”探究活动是真实的、实践的，活动开展的主题从幼儿的兴趣点与经验出发，内容和开展的形式是多样的，符合当前幼儿发展的需要。此外，“乐·活”探究活动的开展，使不同活动之间打破了壁垒，让探究这一学习方式融入到其他活动之中。在这3年幼儿园课程实施的研究中，我们提炼了“乐·活”探究活动的开展流程、实施原则和评价等，将在后文详细介绍。

第三章

理想学习的探索：“做中学”新五步骤

学习方式的转变是课程改革的核心。2022年教育部颁发《幼儿园保育教育质量评估指南》提出，“充分尊重和保护幼儿的好奇心和探究兴趣”“支持幼儿探究、试错、重复等行为”，强调要加强知行合一、学思结合，倡导“做中学”“用中学”“创中学”。可见，当下课程改革的方向是注重创设以学习者为中心的学习环境，凸显学生的学习主体地位，开展差异化教学。

传统教育模式的教学目标是向学生传授系统的文化基础知识和专业基础知识，以知识为本位，忽视了对学生能力和创造性的培养。而陈鹤琴先生提出的“做中学”四步骤和项目化学习六步教学法均以学生为主体，注重其在实际生活中直接体验，获得真知，为新时代教育提供了一个适应社会需要的人才培养方式的思路。因此，我们以“做中学”四步骤和项目化学习六步教学法为基础，根据实际情况，提出了“做中学”新五步骤。

第一节　"做中学"新五步骤的理论基础

一、陈鹤琴"做中学"四步骤

陈鹤琴的四步教学过程论是"活教育"的重要组成部分，在提出"做中学，做中教，做中求进步"的教学方法论后，将教学过程分为四个步骤：实验观察、阅读参考、创作发表和批评检讨。[1]

图 11　陈鹤琴"做中学"四步骤

第一步，实验观察。陈鹤琴重视亲身体会，指出实验的方法是接近真理的钥匙，认为近代西方之所以比我们先进就是因为运用了此种方法。在"活教育"的教学过程中，这是第一步，儿童通过观察，了解所接触到的、感兴趣的外界事物，通过实验获得直接知识与经验。这样不但加深了儿童对知识经验的了解，而且还可以培养儿童的创造性，让其学会自己动手解决问题，增强了动手能力。陈鹤琴还对实验观察提出了具体、严格的要求，要做到运用五官全面、系统地观察，且要有比较地进行观察、实验。

第二步，阅读参考。单凭经验，可能不易彻底了解，或容易陷入主观主义、经

[1] 北京市教育科学研究所. 陈鹤琴全集(第四卷)[M]. 南京:江苏教育出版社,1991.

验主义的偏向，所以必须从参考阅读中来汲取人家的经验，做旁证，做剖析了解功夫。[1]儿童在经过第一步的实验观察后，掌握了一定的直接知识，但不够全面、系统。因此“活教育”教学过程中的第二步就要求要将直接知识与间接知识无缝衔接。陈鹤琴指出，间接知识和直接知识是互为补充的，缺一不可的。[2]儿童在这一环节中，可以将在第一步中发现的问题通过查阅资料得到解决，获得启发、吸取别人的经验。

第三步，创作发表。这一环节把观察参考所得融会贯通，加以整理，变为自己的经验、自己的学习成果，要求儿童将前两个环节中获得的直接经验与间接知识经过思考、整理、总结，用故事、演讲等自己喜欢的形式表达出来。在这一环节中，儿童的主动性得到充分体现，促进了儿童创造力的发展。

第四步，批评检讨。儿童通过自己实验、思考、总结所得的结论不一定都是正确的，因此要经过教师与大家集体研讨，找到其中的不足之处加以改正，以达到提高与完善的目的。

二、项目化学习六步教学法

项目化学习（Project–Based Learning，以下简称“PBL”）的概念由杜威的学生威廉·克伯屈于1918年首次提出。根据他发表的《项目教学法：在教育过程中有目的的活动的应用》一文，他将项目教学法定义为：在情境中发生的、全身心、有组织、有目的、有计划的、规范的行动。通常项目化学习流程或操作程序分为选定项目、制订计划、活动探究、作品制作、成果交流和活动评价六个步骤。[3]

[1] 陈秀云、陈一飞. 陈鹤琴全集[M]. 南京:江苏出版社. 2008.

[2] 北京市教育科学研究所. 陈鹤琴全集(第五卷)[M]. 南京:江苏教育出版社,1991.

[3] 高志军,陶玉凤. 基于项目的学习(PBL)模式在教学中的应用[J]. 电化教育研究,2009(12):92–95.

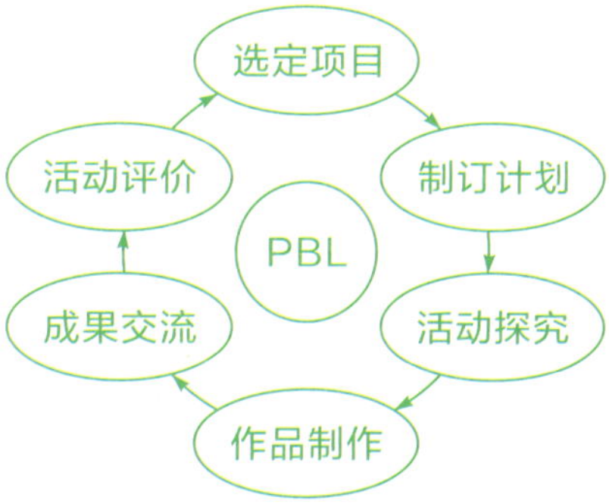

图 12　项目化学习六步教学法

1. 选定项目

在项目化学习中，根据学生的兴趣爱好、课程内容、社会热点等因素确定一个具有挑战性和实践性的项目主题是教学的核心，并且该项目贯穿整个教学过程。

2. 制订计划

确定项目后，根据实际教学情况和学生兴趣，划分项目学习小组，在教师的指导下各项目学习小组制订完整的项目学习计划。制订计划有利于学生掌握、调节活动进度，也有利于教师对整个项目学习的引导、调节和评价。

3. 活动探究

活动探究是学生基于项目学习的重要组成部分，学生大部分知识内容和技能技巧的习得都是在此过程中完成的。各学习小组需根据其选定的项目和人员分工情况，开展组内的合作学习，收集完成项目所需的学习资源。再对收集到的信息进行处理和加工，对开始提出的假设进行验证或推翻开始的假设，最终得出问题解决的方案或结果。

4. 作品制作

这是区别于一般活动教学的典型特征。在此阶段，作品制作与项目教学互为交织，学生通过有效开展自主学习和协作学习来建构自己的知识体系，并运用教师对相关知识的讲解和学习过程中积累的知识、经验与技能，形成阶段性活动作品。

5. 成果交流

经过一段时间的学习，各学习小组进入对制作过程的细节和完成的项目进行互相交流的阶段。通过展示他们的研究成果来表现他们在项目学习中积累的经验、获得的知识与技能等。

6. 活动评价

在项目教学效果评价阶段，评价者由教师、学生个体和各项目学习小组组成。评价的形式包括学生自评、互评和教师对学生的评价，为以后的项目学习积累经验和提供借鉴，有助于提高教师的教学水平和学生的学习效果。

三、对陈鹤琴“做中学”四步骤和项目化学习六步教学法的思考

陈鹤琴“做中学”四步骤和项目化学习六步教学法两大理论各具特色。“做中学”四步骤始终将儿童放在主体地位，强调“做”在教学方法论中占有核心位置，儿童的“做”贯穿整个过程，鼓励儿童主动思考，在自然和社会中观察、实验、学习。“做中学”四步骤反映了儿童的学习过程是一个不可分割的、有机的整体。项目化学习六步教学法最显著的特点是“以项目为主线、教师为引导、学生为主体”，是师生共同完成项目，共同取得进步的教学方法。儿童在完成项目过程中主动建构知识，获得相应的知识、技能和实践经验。这培养了学生的各种能力，相比传统教师灌输式教学、学生被动学习的教学法，上述两大理论皆具有由被动接受转化为意义建构、尊重学生学习兴趣、鼓励学生主动学习、不断完善自我的特征。

尽管如此，随着社会发展和科技进步，学生的学习方式理论也需顺应时代需求与时俱进。如在当下互联网已成为生活中必不可少的工具，获取学习资料的渠道已经不再局限于“做中学”四步骤中提到的“阅读参考”，学生可以自主选择通过电脑、人工智能等高科技产品，更方便快捷地获取资料。

又如项目化学习以项目为载体，六个步骤的完成即一个项目的结束，而幼儿的学习过程往往具有一定随机性和生成性，完全根据项目化学习的六个步骤的顺序开展并不适合。同时，根据学前儿童的年龄特点，不同年龄阶段的儿童，所经历的学

习环节与过程存在一定差异，特别是对于小年龄幼儿来说，形成合作学习小组存在一定难度。此外，项目化学习在问题解决中实现知识的组织和建构，最后需要形成一定项目成果，以结果为导向。但对于幼儿来说，更重要的是在学习过程与经历中获得直接经验和知识的累积。因此，我们开启了既顺应现今社会人才的需求、又符合幼儿年龄特点的学习过程的探索。

第二节　向儿童视角转身的“做中学”

“做中学”四步骤和项目化学习六步教学法虽然都坚持以幼儿学习为中心，尝试通过亲身经历、自主探究的方式解决所遇到的问题，不断建构自身知识结构，但两者的侧重点有所不同。“做中学”四步骤提出的是对于幼儿而言，可以尝试的具体的、可操作的学习方式，强调这些方式是学习过程的有机整体；而项目化学习六步教学法是以最后的项目结果为导向，以项目进程为线索，把整个学习过程分解为一个个具体的任务或事件，适用该学习过程的对象更为广泛。

为顺应当下时代背景对幼儿核心素养的培养要求，我园本着尊重个体差异和学习需要的教育追求，结合形成了集体教学、个别化学习以外的另一种学习形态——“乐·活”探究活动。幼儿探究的内容不局限于“二期课改”课程，而是渗透到一日活动中的各个环节中，通过不断拓展园内外各类资源，最终实现学习方式的转变，获得关键能力的发展。

一、“乐·活”探究活动五环节

在开展探究活动的过程中，我们基于陈鹤琴先生“做中学”四步骤中提到的学习方式，引入项目化学习六步教学法理论的学习过程，结合近五年教学实践、3—6岁幼儿的学习能力和需要，提出更符合幼儿年龄特点，让探究更具系统性、可操作性的“乐·活”探究活动五环节（以下简称五环节），即提出问题、资料收集、讨论计划、实践探究、分享交流。

图 13 "乐·活"探究活动五环节

幼儿在"乐·活"探究活动中所经历的五环节中的每个环节，教师都会给予相应的支架。基于幼儿经历的学习过程，教师将结合实际活动进程提供具有针对性的策略支持。布朗芬布伦纳在其生态系统理论模型中将人生活于其中并与之相互作用的不断变化的环境称为行为系统。该系统分为 4 个层次，由小到大分别是：微系统、中系统、外系统和宏系统。因而除了教师的行为能给予幼儿一定支持，教室环境创设与动态调整也是辅助推进活动的策略之一。因此，我们将各环节的支持策略分为环境策略和行为策略两大部分。

（一）提出问题

兴趣是幼儿学习最好的内驱力。"乐·活"探究活动的开始往往是幼儿在一日生活的所见所闻中感兴趣的问题。相比项目化学习的"选定项目"，由好奇心驱动，以问题为线索，更符合幼儿的年龄和学习特点。

环境策略：创设"问题墙"，通过及时拍摄、记录幼儿行为或提供相关可操作的材料，让幼儿感兴趣的问题可视化，激发幼儿进一步思考。

行为策略：对幼儿感兴趣的问题依据六维分析雷达图进行价值判断，即幼儿感兴趣的驱动型问题是否具有研究价值，思考幼儿在该驱动型问题的推进下可能会经历的学习过程，结合幼儿当下能力发展水平判断是否具有可行性。

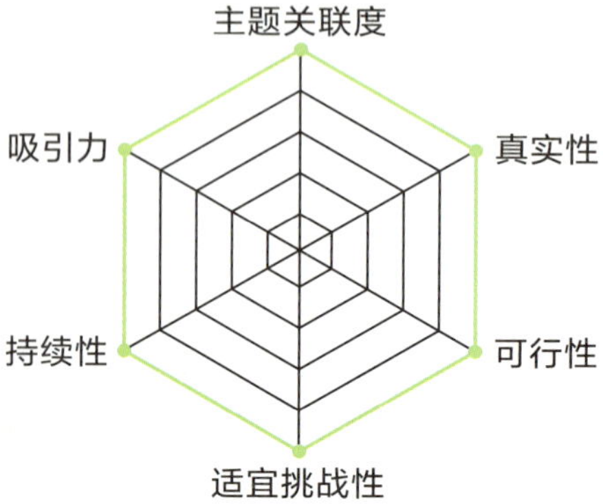

图 14　甄别驱动型问题的六维分析雷达图

我们根据幼儿发展需要和年龄特点，结合当前发展水平，认为一个适宜的驱动型问题应具有主题关联度、真实性、可行性、适宜挑战性、持续性和吸引力六个特征。以此为据，我们采用六维分析雷达图作为甄别驱动型问题的工具。

“乐·活”探究活动往往来源于各年龄段主题背景下，在真实的生活情境中所生成的活动。基于“大自然、大社会都是活教材”这一理念，探究活动的驱动型问题应充分体现真问题、真体验、真解决，更关注真实生活、真实社会之间的联结，所以问题的主题关联度和真实性是必不可少的。基于对不同年龄段幼儿发展水平的考量，探究活动应具有一定可操作性和可探究性，并对幼儿当前发展水平具有一定的挑战性，推动幼儿在活动中提升能力。过于具有挑战性的问题不仅让幼儿无从下手，甚至影响自信心的建立。因此，可行性和适宜挑战性也是驱动型问题不可或缺的特征。探究活动的经历是认知发展逐步深化的过程，持续地思考和探索有助于幼儿更为深入地累积相关领域的知识经验。这对于注意力有限的幼儿来说无疑具有一定难度，因此激发幼儿的好奇心和学习兴趣，不断吸引幼儿的注意力，才能逐步推动幼儿主动发现、主动思考、主动解决问题。可见持续性和吸引力对于驱动型问题来说也非常重要。

（二）资料收集

幼儿的学习更多是在原有经验的基础上进行的，所以在活动开始前需要通过多渠道了解相关信息，累积基础经验，才能让活动更好地开展。随着信息技术的发展，获得学习资料的途径也变得更为多元和丰富，除了"做中学"四步骤中提到的"阅读参考"外，还可以通过实地走访、互联网搜索、人工智能问答、采访提问等方式收集，通过五环节放大资料收集的概念，为幼儿开展活动提供更多自主选择的空间。

环境策略：将幼儿通过多种渠道收集来的资料用于环境创设，将大量资料放在幼儿触手可及的位置便于他们随时取阅，共享信息。投放各类工具，如网络资源收集工具（互动智能音箱、平板电脑等）、采访工具（拍摄设备、平板电脑、记录表等）、倾听工具（录音笔等）。

行为策略：充分利用一手资料，最大限度挖掘幼儿园已有资源，适时推荐家长、社会资源。为了鼓励幼儿发散思维，开拓实施途径，行为策略往往会与"乐·活"课程中的其他活动相结合。以"乐活小记者"为例，幼儿可根据活动需要，以采访的方式收集同伴、成人的想法和意见，作为制订计划的依据和参考。同时，协助幼儿梳理活动资料，如利用图标提示，鼓励幼儿灵活使用《"乐·活"探究手册》。

（三）讨论计划

学前儿童正处于直觉行动思维，通常行动先于思考。为培养幼儿提前思考的能力，在收集大量资料的基础上，我们鼓励幼儿尝试为活动制订计划，计划内容可根据幼儿年龄和实际活动情况有不同侧重，如对小年龄幼儿来说更重要的是理解什么是计划，尝试思考接下来可能需要完成的任务；而对大年龄幼儿来说，在明确后续活动进程后，要试着与同伴、成人沟通，与他人分工协作。因此，在这一环节所得出的计划，并不是由一个人独自决定的，更多是师生、生生共同讨论的成果，所以该环节在项目化学习"制订计划"的基础上，预留合作行为产生的可能性，调整为"讨论计划"。

环境策略：创设协助梳理的环境，例如在活动区域就近呈现活动计划，便于幼儿及时回忆活动经历。同时，也可以适当放大《“乐·活”探究手册》计划页面，呈现共同经验和讨论结果。在环境创设的过程中，充分发挥环境暗示的作用，如在环境中留出空白区域，提供开会牌、“每日计划”板等，供幼儿后期讨论使用。

行为策略：帮助幼儿将驱动型问题拆解成若干子问题，在讨论环节注重集体讨论与分组讨论相结合；关注整体与关注个别幼儿相结合。在讨论初期协助幼儿对讨论内容进行简单梳理，并记录在较大版面上。过程中帮助幼儿“预习”第二天的计划，或回顾前期活动进程。

（四）实践探究

在这一环节中，幼儿通过亲身经历、直接感受、操作体验的方式开展探究，累积知识经验，逐步形成积极的学习态度和良好的学习品质。探究的方式多元丰富，可以是“做中学”四步骤中提及的“实验观察”，可以是项目化学习的“作品制作”，可以是实地采访，也可以是自主设计，创造自己喜欢的游戏等。所以，相比两大理论依据，“实践探究”这一环节的内涵更为丰富，鼓励幼儿在教师的指导下，根据活动需要，发散地开展形式不一的自主探究。

环境策略：营造舒适、宽松的心理环境，给予幼儿安全感，并考虑幼儿成功感的易获取性，帮助其建立自信。在物质环境上，遵循就近性、便捷性、多元性的原则，在适宜场域开展探究活动，如户外、与其他活动融合、浸润于一日生活、结合社区及社会资源等。在创设环境时，可增加幼儿有使用经验的材料的提供，辅助幼儿推动活动进程。环境中呈现幼儿正在探究的内容，便于他们观察比较，过程性环境应凸显活动进程的关键节点，适当使用符号、图示等。

行为策略：考虑到不同探究活动所涉及的场景与空间的差异，在“实践探究”中，教师会结合实际情况，支持幼儿在适宜的场地开展探究（如在小花园探究植物生长过程、在操场探究不同户外材料的组合等），并提供便于幼儿使用的工具作为辅助记录的材料。教师在整个过程中扮演“游戏伙伴”“观察者”“欣赏者”的角色给予幼儿支持。教师在推动探究活动的过程中，关注活动的科学性，确保实验的规范性；适当融入工具使用，并开展相关安全教育；阶段性结合环境、视频照片、幼儿宣讲等方式帮助幼儿回顾前期活动经历等。

（五）分享交流

尽管"分享交流"是整个探究活动五环节的最后一环，但它区别于"做中学"四步骤的"批评检讨"和项目化学习的"活动评价"。随着探究活动的推进和深入，幼儿在不同阶段都会有不同的感受和心得体会、所遇到的困难、获得的小小成果、灵光乍现的创新思考和想法等，都是值得分享交流的内容，这些看起来似乎不起眼的点滴，可能会是幼儿在探究活动中有所收获的关键。所以，"分享交流"不再只是局限于评价，应更多关注幼儿的收获与成长，所蕴含的内容更贴近幼儿的实际发展需求。

环境策略：灵活运用动态生成的环境，如跟随活动进程动态生成思维导图、验证后可随时调整的猜测（投票）板等。此外，还可以投放辅助幼儿经验梳理的记录板，如资料分类记录、投票记录、统计图表记录等。

行为策略：教师具有一定目标意识，从多维角度推动幼儿积累真实的生活经验，如掌握工具使用、手册使用方式等方面的能力；知道如何找到问题、猜测问题的结果、解决问题等推进活动的能力；面对困难不气馁、关心同伴、友爱他人等情绪情感能力……除此之外，还可以通过跨班级的与幼儿园工作人员、家长、专家等进行互动的方式，拓展参与分享交流的对象，帮助幼儿获得不同程度的成就感和满足感。

大量的教育实践证明了"乐·活"探究活动五环节的不断循环经历助推幼儿更深入地参与探究活动，幼儿在真实兴趣的召唤下，主动查阅资料、收集资源、制订计划、实践验证猜想，更多走近同伴、走进社会，并获得自信与效能感。

二、"做中学"新五步骤

我们在传承陈鹤琴先生"活教育"教学论的基础上，结合幼儿自主性、合作性、探究性的三性学习方式，基于幼儿视角提炼出了"乐·活"教育课程实施方式——"做中学"新五步骤（以下简称新五步骤）。

步骤一：我（我们）想做（任务、问题、兴趣——学习动机）；

步骤二：我（我们）要准备（资源、认知、情感或心理——学习准备）；

步骤三：我（我们）想这样做（任务、时间、行动——学习计划）；

步骤四：我（我们）试一试（探究、合作、自我管理——学习过程）；

步骤五：我（我们）做得怎么样（活动分享、多元评价、反思调整——学习评价）。

新五步骤来源于五环节，由于五环节的梳理来源于“乐·活”探究活动的大量实践，但所包含的学习过程并不完全适用于其他“乐·活”特色活动（如“乐·活”16节和“乐·活”24事），为进一步提升“乐·活”课程对幼儿学习方式的包容性，转变课程实施方式以保障“儿童发展优先”的理念落地，我园进一步梳理提炼出“做中学”新五步骤。

一方面，相比五环节，新五步骤更重视儿童在课程中的主体地位，每一步骤都关注儿童在学习过程中的体验和感受，以儿童为本，坚持儿童立场，倾听儿童“心声”。另一方面，新五步骤更具包容性，五环节更适合探究活动的学习过程，但幼儿所经历的学习类型不应止步于此，还有更多活动融于幼儿的一日生活。因此，新五步骤所蕴含的内容更为丰富，更能体现幼儿获得完整的学习经历，从而实现完整成长。所以，“做中学”新五步骤是五环节的拓展与补充，两者相辅相成，相互依存。

幼儿在每一次的探究中经历着五步骤，从而发展幼儿发现问题、解决问题、反思行为等能力，也在每一个真实的学习经历中发展着学习的自主性、合作性与探究性，实现着学习方式的转变。

（一）步骤一：我（我们）想做

“我（我们）想做”是实验观察的促发机制，是幼儿自我学习动机的激发。这一步骤与人本主义视角下的有意义学习主张以学习者的自发性和主动性为动力，关注个体的完整发展和自我实现相呼应。幼儿无论是自我观察还是成人启发后对某一事物或现象产生了兴趣、问题，或有目标意识、任务意识后，开展初步的思考，包括提问、猜测等，都为主动学习创造了可能性。在这个过程中，充分尊重和信任幼儿作为学习者的主体地位，把关注、思考、探究的始发性和主动性留给了幼儿的天性。这种顺应幼儿天性的做法，让幼儿好奇、求变、创造的天性得以保护，久而久之，支持幼儿形成《指南》中所说的"积极主动、认真专注、不怕困难、敢于探究和尝试、乐于想象和创造"等学习品质。

（二）步骤二：我（我们）要准备

"我（我们）要准备"是阅读参考的拓展补充，幼儿尝试进行全面的学习准备，这在幼儿认知自主、探究态度、合作认知等维度都有相应的行为表现。这是幼儿学会学习的重要一步。"中国学生发展核心素养"强调，学会学习主要是学生在学习意识形成、学习方式方法选择、学习进程评估调控等方面的综合表现，具体包括乐学善学、勤于反思、信息意识等基本要点。幼儿在问题或任务的引导下，有方向性地且充满意图地阅读，这是对信息资料的主动攫取，是解决问题的一种途径。这个过程扩展了儿童获取经验的途径，阅读参考获得的间接经验是与幼儿需求有关联的，是能被幼儿理解的。除了阅读参考外，幼儿还可以通过访谈等方式，向周围的人收集信息或资源，综合分析问题影响因素或任务所需要素，为步骤三做好学习准备，这个学习过程是幼儿自己掌握的，幼儿有自己选择的机会。在这个过程中，幼儿不但掌握了学习方法，而且过程中的掌控感也是幼儿获得自信、安全感的重要来源。

（三）步骤三：我（我们）想这样做

"我（我们）想这样做"，是阅读参考后的完整思考，形成学习计划，表现在幼儿行动自主、探究能力、合作技能与合作行为等方面。幼儿对要完成的任务或解决的问题作出具体的时间、步骤、过程行动、人员分工等的思考和规划。在综合分析和明确任务后，幼儿既可以是独立学习者也可以形成学习共同体，在合作学习中开展后续的活动。幼儿在为后续实践体验做学习计划的过程中，逐步养成先思考再行动的学习方法。计划的制订帮助幼儿提升实践验证的效率，也鼓励幼儿尝试合作学习，同时支持幼儿养成做事专注、坚持的学习习惯。

（四）步骤四：我（我们）试一试

“我（我们）试一试”是实验观察和创作发表的整合，是幼儿对学习过程的直接体验，在自主性、合作性与探究性方面都有比较完整的行为表现。幼儿通过有控制的感官操作及与思考的结合获得直接经验。这些直接经验来自真实的生活情境，幼儿在亲身体验和直接操作中获得有意义的经验。该步骤给幼儿创设了运用知识的情境和机会，也有了对计划和预想验证和调整的机会。长此以往，养成的是主动行动者的思维习惯，是敢于挑战、不怕困难的实验精神。在合作学习中，幼儿在解决问题的同时获得多元智能的发展。

（五）步骤五：我（我们）做得怎么样

“我（我们）做得怎么样”是创作发表和批评研究的综合体验，是幼儿自我展示、自我评价与同伴评价的完整体验，在自主性、合作性、探究性方面都有典型行为可被观察到。幼儿通过前面四个步骤，在直接经验和间接经验相互作用以后获得了对某个事物或现象（或称主题）的独特理解。幼儿以个性化的方式表达自己的理解，幼儿的活动分享在集体中引发讨论，收集同伴的评价并进行活动反思。幼儿在集体探讨中有机会站在别人立场上尝试理解他人，也有机会感受自己在集体中的服务和贡献。分享、对话、多元评价的目的是通过对话，产生新的知识经验，该步骤让幼儿获得自信表达、实事求是、虚心接纳他人意见的科学态度，是培养民主价值观的有力途径。

以“乐·活”24事“奇妙博物馆”之中班“秋季博览会”为例，整个活动分三个阶段展开，幼儿在“做中学”新五步骤的反复实践中，完整经历和体验具有自主性、合作性、探究性的学习方式。

从幼儿萌生举办一场博览会的想法后，就会有一系列的问题扑面而来：博览会在哪里举办？需要准备什么东西？有哪些展区？是否需要讲解员？怎么讲解？怎么定展览时间？谁来参观博览会？……在这个过程中，教师始终秉持陈鹤琴先生提到的“凡是儿童能自己做的，应当让他自己做”的教育原则，充分尊重他们每一次的决定，由他们自己计划、自己安排、自己实施，每一次活动都持续完成行动自主，每一次交流都鼓励幼儿自己思考、自己做决定，推动“秋季博览会”探究活动的进一步发展，每一次的交流分享活动都能引发幼儿的一次脑力激荡。于是，幼儿开始自主收集相关资料，共同探索如何举办一次展览，尝试与他人合作布置环境，第一次尝试在户外举办展览，完整经历了步骤一到步骤四。这是活动的阶段一。

步骤一：我们想做 → 步骤二：我们要准备 → 步骤三：我们想这样做 → 步骤四：我们试一试

图 15　阶段一所经历的步骤

表 7　阶段一各步骤具体内容

“做中学”新五步骤	教师预设	幼儿生成
步骤一：我们想做	在“在秋天里”的主题背景下，丰富幼儿对秋天的体验。	想向更多朋友介绍自己绘画、制作的有关秋天的各类作品，举办一场秋季博览会。
步骤二：我们要准备	了解博物馆是如何举办展览的。	通过多种途径查找资料，有的带来自己参观博览会或博物馆的所见所闻，有的请爸爸妈妈帮忙在网上收集关于博览会的资料。在一起分享收集来的资料后，孩子们发现，原来博览会不仅需要有自己的作品，还需要好看的环境，甚至还可以和参观的观众交流互动。
步骤三：我们想这样做	为博览会布置环境。	孩子们找来了气球、风筝、灯串等材料作为装饰。为帮助观众了解自己制作的秋叶裙、秋叶帽、秋叶披风、秋叶画等，不同的作品还有专属讲解员和摄影师。孩子们还想到可以把秋天收获的薄荷摘下泡茶，给观众品尝，也可以教观众制作菊花馒头。

（续表）

“做中学”新五步骤	教师预设	幼儿生成
步骤四：我们试一试	结合秋日野餐会，第一次尝试在户外举办秋季博览会。	孩子们早早地将自己的绘画作品、风筝、气球、灯串等材料搬到了草坪，开始自主布置博览会环境。但是，过程中遇到了各种各样的问题，例如气球总是被风吹走、绘画作品的架子总是倒下、身高不够挂不了灯串……只见孩子们把到处散落的气球一个个捡回来，放回收纳箱，需要几个拿几个；绘画的架子倒下就用重重的东西压一压；还有的孩子搬来了小桌子，请好朋友帮忙一起挂起灯串，孩子通过自己的方法解决了原本的“难题”。 可惜，野餐会很快结束，博览会的环境布置没完成，第一次的布展就这样失败了。

由于秋日野餐会时间有限，没有完成展览布置。面对失败，幼儿并未直接放弃，而是选择再次尝试。幼儿的学习过程回到了步骤一“我们想做”，开启阶段二的经历与体验。由于天气原因，户外场地已经无法满足办展需求，所以找到适合展览的场地成了再次尝试的必要条件。室内场地的确定，既是对后续办展的准备，也是孩子们的自主选择。所以在这一阶段，不仅包括步骤二“我们要准备”，还有步骤三“我们想这样做”。可见，幼儿的学习过程具有一定随机性和生成性，需要教师随机应变，灵活支持幼儿学习需求，无法按照既定程序刻板实施。

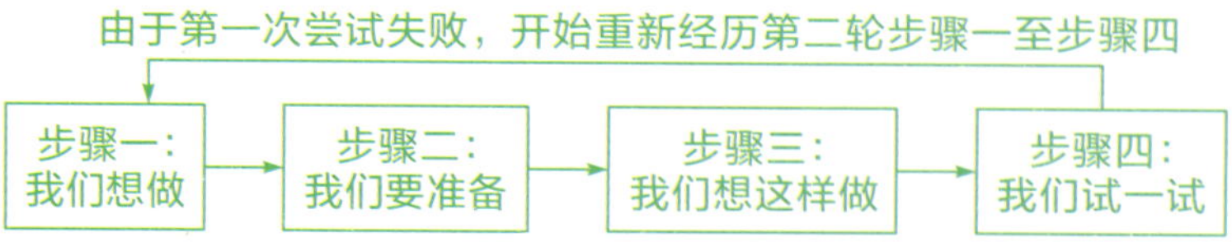

图 16　阶段二所经历的步骤

表 8 阶段二各步骤内容

"做中学"新五步骤	教师预设	幼儿生成
步骤一：我们想做	"接下来一周的天气都是阴雨天，博览会还能成功举办吗？"教师不确定孩子们面对失败会如何抉择。	孩子们坚定地说："可以！一定可以！""我们可以在教室里办，教室里没有雨！"贝贝大声地说出自己的想法，看来布展失败丝毫没有影响孩子们的决心。
步骤二：我们要准备 步骤三：我们想这样做	师生再次尝试布展，参观了所有活动室，选择合适的博览会场地。	根据教室大小和风格选择活动场地，最后孩子们一致投票选择"乐·活"天地作为博览会的场地。
步骤四：我们试一试	幼儿根据自己的兴趣和作品特点完成布置展览，并邀请客人参加博览会。	孩子们为自己负责的展品选择位置，秋叶裙、秋叶披风选择在有小舞台的位置，"乐拍小达人"选择在有摄影幕布的地方，秋茶品鉴选择在有桌椅的位置，确定好位置后又开始了新一轮的环境布置……布置成功后，孩子们绘制邀请函邀请各个班级的小朋友，一起制订了采访计划书，确定观众的参观时间。 第一批小客人是隔壁班，迎来了秋季博览会的第一次运行，只见每位讲解员都使出浑身解数努力认真介绍每张照片，摄影师也在记录每个精彩瞬间。

阶段三来自阶段二后开展的同伴之间、策展者与观众之间的交流分享，让幼儿有机会进行复盘反思、尝试站在他人的立场思考问题，也有机会对他人的行为进行评价，通过大家共同的努力一起调整，开展新一轮的秋季博览会。博览会的多轮经历，让步骤五"我们做得怎么样"和步骤四"我们试一试"不断循环，持续获得新

的体验，培养了孩子的问题意识、换位思考和反思能力，有效地提升了孩子们敢于解决问题的探究意识，同时养成自信表达、实事求是、虚心接纳他人意见的学习态度，以及反思自己行为的思维方式和良好的学习习惯。

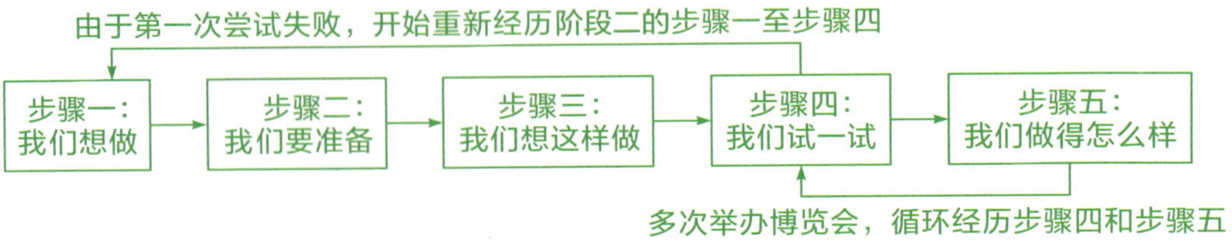

图 17　阶段三所经历步骤

表 9　阶段三各步骤内容

"做中学" 新五步骤	教师预设	幼儿生成
步骤五： 我们做得怎么样 步骤四： 我们试一试 步骤五： 我们做得怎么样	反思举办展览会中遇到的问题，总结经验，不断调整。	参观结束后，孩子们对小观众进行了简单采访："你最喜欢展览的什么地方？""你觉得展览有什么问题？"原来，大家都发现秋茶品鉴非常热闹，但是其他地方的观众很少，而且有的讲解员的声音太轻，没法吸引更多观众来听。 通过小观众的反馈，讲解员们知道了当没有观众过来时，可以提高自己的音量，主动邀请他们来听，讲解结束后还可以为观众引路，带他们去下一个地方参观，这样就可以让小观众每个地方都参观到。为了让小观众们进来参观前就可以知道里面有什么内容，有参观博览会经验的孩子还提出可以用导览图。所以根据实际方位，老师和孩子们还一起制作了博览会导览图。很快，博览会又迎来了下一批小观众。每一次展出的结束，孩子们都会通过采访了解小观众的真实感受，让孩子们收获信心和满足感的同时，不断反思调整自己的行为，也让秋季博览会越来越热闹和精彩……

大量实践案例表明，“做中学”新五步骤不是单向递进的，更不是浅尝辄止的，如有需要，幼儿随时可以自主选择重新经历某一个或几个步骤，在实践验证中丰富认知，调整计划，也会在行为反思后发现解决问题的更多可能性，反复实践、验证猜想、丰富经验。做中学“新五步骤”是陈鹤琴先生提出的“做中学，做中教，做中求进步”方法论的园本化践行，与具身认知理论强调的具身认知是大脑、身体与环境交互作用的结果相印证，符合3—6岁幼儿学习特点和规律。幼儿在情境中、在协作中学会学习、学会解决问题，有利于终身学习能力的发展。因此，“做中学”新五步骤是对“幼儿发展优先”理念的积极践行。

三、在“做中学”中形成自主、探究、合作的学习方式

“做中学”新五步骤支持幼儿逐步形成具有自主性、探究性、合作性的学习方式，是切实有效支持幼儿自由体验课程追求的具体实践。自主性、探究性、合作性兼具指向幼儿的学习过程和学习结果，即在学习过程中，幼儿是自主的、探究的、合作的；学习结果是幼儿获得更为完整、丰富的自主经验、探究经验、合作经验，通过持续的学习，幼儿获得自主能力、探究能力和合作能力。

自主性是幼儿获得关键经验的内驱力，是幼儿保持好奇、提出问题的前提，是幼儿持续探究的基础，是与幼儿发展呈现伴随状态的。幼儿作为学习的主人，具有较高程度的自主性，这种自主性表现在他与周围环境的深度互动之中，即探究之中。幼儿作为环境的主人，去探究环境而不是被环境约束和控制，比如时间、空间、材料使用的自主与自由。幼儿作为学习的主人，在与周围人的平等互动之中，不是指导和被指导的关系，而是可以对话、可以彼此启发的合作关系。由于不同年龄阶段幼儿的自主性发展水平有差异，所以我们鼓励教师以幼儿年龄特点和自主性发展规律为依据，开展自主性培养的实践研究。主要借鉴幼儿自主性发展阶段目标相关成果：重点践行行为自主，着重理解认知自主，强化体验情意自主。践行行为自主以幼儿对自主性的体验和理解为基础，以“自己的事情自己做”为重点；认知自主是个体的内部心理活动，以“自己的事情自己决定”为基础；情意自主是体验性的自

主，以“自己的事情自己负责”为根本。[1]

探究性是幼儿获得关键经验的基本方式，针对某一现象或问题，寻找其背后的原因或解决方法的过程。支持幼儿探究性的发展要从关注幼儿的兴趣、捕捉探究意识的萌芽的开始。教师应从中挖掘深度学习的契机，特别是小年龄段的幼儿，无意行为居多，部分感受稍纵即逝，需要教师及时捕捉。“做中学”新五步骤在幼儿自主体验的过程中，支持幼儿在充分感受的基础上，通过喜爱的方式、途径表达自己的体验与发现，从而帮助教师发现幼儿的兴趣所在。在开展活动的过程中，教师应充分给予幼儿“做中学”的机会，发挥“凡儿童自己能够做的，应当让他自己做”的理念，鼓励幼儿在思考决策的基础上，帮助幼儿理解知道自己喜欢做什么、想要做什么、选择做什么，实现自己的所思所想，推动探究能力的发展。幼儿在整个活动体验中真正拥有选择权、发言权、设计权和实施权，不断推动幼儿发现问题、思考问题、解决问题，促使探究能力的螺旋式上升。幼儿探究性的培养以探究过程的深入体验为途径，过程中若遇到的困难和挫折，“做中学”鼓励幼儿善始善终、不轻言放弃，从中累积的坚持性、专注力和毅力等学习品质会支持探究态度的形成。

合作性是幼儿获得关键经验的支持性条件，是幼儿适应未来社会生活的基础，也是培养“现代中国人”社会责任、团队意识、互助精神的核心素养。有理论研究表明，幼儿合作性发展会经历四个阶段：第一阶段是意向性合作，幼儿仅有合作意向和愿望，但无具体的合作行为，小班幼儿多处于这一发展阶段；第二阶段是自发性协同，幼儿有简单的语言交流和行为协调，但缺乏计划性和组织性，部分小班和多数中班幼儿多表现出这一阶段特征；第三阶段是适应性协同，幼儿的语言交流和行为已具有明显的针对性和计划性，能相互配合协调，中班个别幼儿、大班部分幼儿可以达到此阶段；第四阶段是组织化协作，幼儿开始以集体目标为中心，按照一定计划分工行动、相互配合，组织性较强，有领导者出现，个别大班幼儿在长期培养下表现出本阶段行为。[2]

---

[1] 童琳,鄢超云. 论幼儿的自主性及其培养体系[J]. 幼儿教育,2022(27):10−14.

[2] 陈琴,庞丽娟. 论儿童合作的发展与影响因素[J]. 教育理论与实践,2001(03):43−47.

幼儿通过"做中学"新五步骤发展合作性更为水到渠成。幼儿在解决问题、完成任务的过程中真实感受到合作的重要性、必要性，形成对合作的认知，以矛盾和差异为学习资源，通过积极解决同伴冲突，自然体验合作技能，萌发合作情感，在磨合中进一步加深对同伴的了解和接纳。因此，教师可创设或自然运用生活中的合作情境，引发幼儿合作需求，激发合作情感；在不同的活动中有意识地渗透合作，支持幼儿自然习得合作技能；积极发现幼儿合作的点滴进步，积极评价和鼓励使加深合作成为可能。在师幼互动中，教师可做生生合作的启发者、支持者、鼓励者，在适当时机做调度者和引导者，助推幼儿合作学习行为的发生与发展。

第三节 《“乐·活”探究手册》的开发和应用

为使主题活动实施更具开放性，让幼儿对学习的路径、过程有更大的参与权，我园将上海市教研室“学前教育主题活动实施的优化研究”中心组开展的项目化学习引入园内，同时继承陈鹤琴“做中学”思想，开展“乐·活”探究活动的创新实践，丰富共同性课程中的个别化学习活动形式。

陈鹤琴先生教导我们，儿童自己的课程才是最合适的、最好的。他始终强调不但老师要有研究的精神，还要鼓励儿童有研究的精神。因此，我们在开展“乐·活”探究活动的过程中，始终鼓励幼儿作为“乐·活”探究活动的主人，认为幼儿有权利参与活动记录手册的开发、管理和使用的全过程，通过与教师、同伴的积极互动，深入了解和反思自己的学习过程和发展经历，为自己的学习和成长负责。我园开展广泛的幼儿访谈，从幼儿视角出发，针对“做中学”新五步骤和“乐·活”探究五环节，师幼共同设计《“乐·活”探究手册》，投放到教室供幼儿自由使用。手册中的页面设计对应着幼儿所经历的“做中学”新五步骤和探究性发展的不同阶段，包括“我们的问题（封面）”“我们的成员”“我们的计划”“我们知道了”“遇到的问题”“我们的办法”“大家的建议”和“活动结束啦”页面，支持幼儿在每个阶段的自主记录、参考及反思，手册页面与幼儿学习过程互相对应。

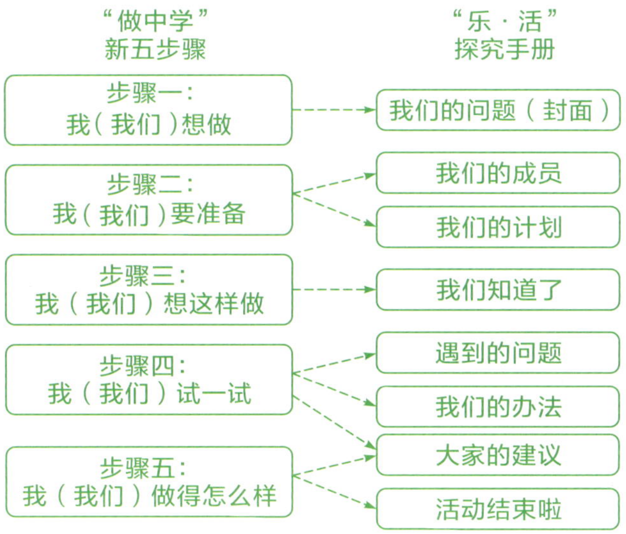

图 18 "做中学"新五步骤与《"乐·活"探究手册》的关系

一、呈现探究问题，捕捉学习契机

步骤一：我（我们）想做——"我们的问题"

陈鹤琴先生倡议"鼓励儿童去发现他自己的世界"。有好奇心是幼儿的天性，他们在与周围环境互动的过程中，通过自己特有的学习方式，积极主动地学习新的知识和经验，探索周围的社会环境、自然环境和物质世界，对自己所接触和观察到的事物和现象感兴趣，用多感官或动作探索事物。这是探究意识萌芽的表现。探究意识是探究能力形成的基础，激发幼儿的问题意识，才有进行深入探究、产生深度学习的可能，推动其高阶思维和问题解决能力的发展。

因此，手册的封面便是幼儿感兴趣的现象或想要解决的问题，确定要探究的问题后，我们鼓励幼儿自主表征。每一个问题，幼儿都会对开始和完成的时间进行记录，促使他们对时间有初步的概念和体会。由于幼儿对于日期概念的感知有差异，概念较弱的，可以由教师帮助记录，有一定经验的可以借助教室里日历自主完成。活动结束后，教师可以和幼儿共同回顾探究活动历经的时长，感知坚持带来的成就感。

以大班"乐·活"探究活动——"如何在幼儿园造一个共享角？"为例，在国

庆假期结束之后，幼儿带着他们收集的“城市”相关资料和大家分享，其中有几个小朋友带来的资料是城市中的各种共享物品，如共享充电宝、共享单车等。“共享”让我们的城市生活更加方便，是不是在幼儿园里我们也可以造一个共享角呢？大一班的共享探究小组由此诞生，孩子们在封面记录了想要探究的主题和时间。

手册的记录帮助教师真正了解幼儿的所思所想，他们对共享的概念产生了兴趣，所以萌发了在幼儿园创设共享角的想法，于是在手册的封面上记录下这一奇思妙想。在这个案例中，教师不仅在精神上给予幼儿认同，在对共享角的表征过程中，对幼儿记录也给予一定支持。幼儿在封面上模仿教师写下“共享”二字，让精细动作和前书写能力也得到了锻炼。手册提供更多个性化的空间与机会让幼儿自主记录、多元表达，积累自己对于探究内容的感性认识经验，令幼儿的探究思维可视化，也为探究活动的开始增添了些许仪式感。

二、清晰探究路径，激发思考决策

步骤二：我（我们）要准备——“我们的成员”“我们的计划”

确定了想探究的问题，接下来就到了前期准备的部分。在这一步骤中，手册的页面为“我们的成员”和“我们的计划”，提醒幼儿思考所探究的问题需要几个人来完成，谁来完成，明确小组成员的优势是什么，大家可以如何完成。手册就如同支架一般，为幼儿的预思考提供了方向。

为了便于幼儿认识、理解手册，让手册真正成为可以自主使用的工具，各页面通过不同卡通图片提醒幼儿该页面所表达的意思。“我们的成员”用许多卡通人物提醒幼儿，这里可以展示自己的团队成员。当然，探究活动的主体可以是小组形式，也可以以个别化的方式开展。大拇指则表示记录每个人的本领或优点，如技能方面的会画画、会用剪刀，社会交往方面的愿意帮助他人等。"我们的计划"页面中围坐一起的卡通人物仿佛在进行讨论，意味着这一部分可以先小组讨论，制订第一步计划。当探究活动方向转变时，幼儿也可以与同伴共同探讨并调整计划。

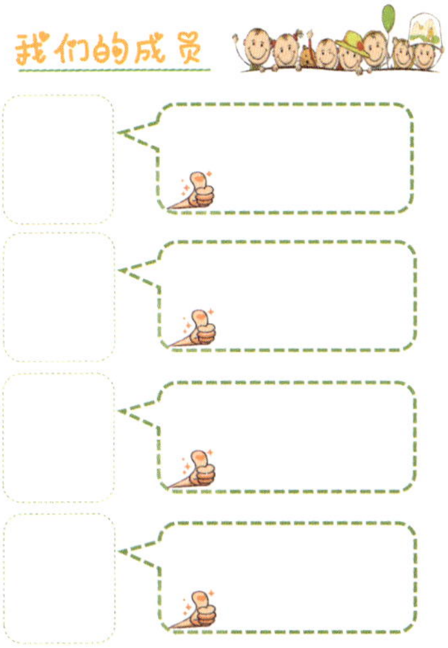

步骤三：我（我们）想这样做——"我们知道了"

伴随成员分工和初步计划的讨论，就要开始收集相关资料为后续实践探究活动提供基础。放大镜的图示提醒着幼儿，这页记录的是通过收集资料获得的信息。在这一部分，幼儿可以通过多渠道、多途径、多方式了解自己想要的信息，需要思考的不仅是如何有效收集资料，还要在收集资料的过程中选择有效信息，明确这些信息如何推进探究活动。在筛选信息的过程中，知道哪些信息是自己所需要的，哪些是对自己没有帮助的，学会剔除无效信息是探究能力的一部分，也是当下信息化时代适应社会必不可少的技能之一。

随着共享探究小组的成立，小组成员纷纷在手册上记录了自己的长处，有的善于画画、有的负责摆放座位、有的负责搭积木……

既然孩子们想要在幼儿园造一个共享角，接下来就需要确定共享什么、共享角造在哪里了。经过一番讨论，大家最终确定了共享角可以设置在幼儿园大厅，理由是每个小朋友都会经过，比较方便，也初步讨论了哪些物品可以共享：纸巾、充电宝（给老师用）、雨伞、遮阳帽等。就这样，共同决策得出的初步计划应运而生。那在校园外面还有哪些共享物品呢？是否也能在幼儿园共享呢？孩子们通过采访爸爸妈妈的方式了解到，原来还有共享儿童车和共享空间等。

在探究的初始阶段，对于幼儿来说，“共享”还是个比较新鲜的概念，经过和老师的一番讨论，幼儿开始有了一些思路：共享的物品是大家都可能需要用到、不太方便随身携带、也不是每个班级里都有的东西，要放在大家都触手可及的地方……手册的记录展示在教室环境中，也成了将个别经验转化为集体经验的共享载体。教师组织幼儿对共享概念的讨论，引导幼儿思考什么是共享，加深了他们的理解，也为后续幼儿收集共享物品进行知识铺垫，为探究能力的发展奠定基础。

步骤四：我（我们）试一试——"遇到的问题""我们的办法""大家的建议"

实践探究环节是探究活动中的关键，也是"做中学"五步骤中耗时最长、最容易反复经历的步骤。随着活动的深入推进，幼儿时常会面临各种各样的困惑与难题，这些正是幼儿深度学习的切入口。在这一阶段，幼儿需要思考在探究过程中遇到了什么问题，是如何发现问题的；是否能从探究开展的过程中梳理出相关的线索和经验找出目前探究中遇到的真问题，采用什么样的方式来解决这个问题；是独立解决问题的，还是通过和同伴的讨论、共同的探究来解决问题的……问号和灯泡的图示分别对应提醒幼儿，在这里可以记录问题和解决办法。收集大家的建议可能会获得解决问题的思路，因此在有许多笑脸的地方可以记录征询所得的建议。教师在这个过程中则需要及时为幼儿提供支持，帮助幼儿梳理探究过程中的问题与解决方法，关注幼儿在解决问题的过程中，获得的可迁移到其他场景的关键经验。学习经验的不断累积，让幼儿的学习力得以提升，为发展探究能力打下扎实基础。

孩子们自主选择合适的材料开始了共享角的搭建，尖尖的屋顶正如计划的那样。但是，他们没想到完成搭建只是第一步，新的问题接踵而至。参与搭建的孩子自己知道这是共享角，可是怎么让其他人也知道呢？搭建好的共享角要放在大厅的什么位置？里面可以放哪些东西进行共享？这个共享角还可以怎么设计？这么多的问题让孩子们一下子摸不着头脑，那就一个个记录下来，逐个击破吧！于是，孩子们决定把这些问题一个个罗列表征在“遇到的问题”页面上。在与大家讨论后，这些问题也逐步找到了相应的解决方法，例如为了让更多的小朋友知道这里是共享角，孩子们尝试想用制作海报的方式进行宣传，并将自己的初步设想在“我们的办法”页面上进行表征，这些纸质记录还可以给未能及时参与讨论的团队成员翻看。

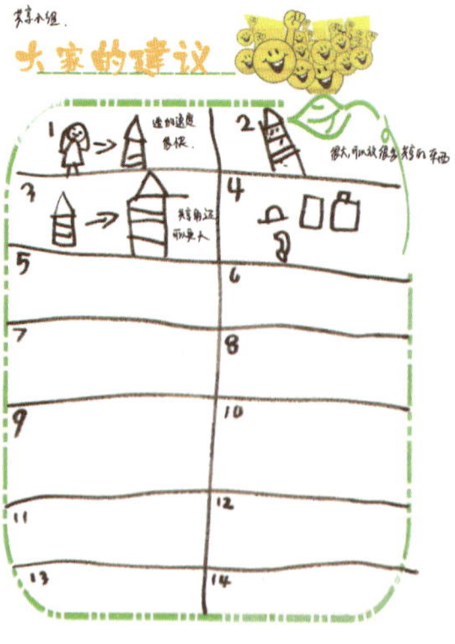

共享角终于搭建完成啦！在一次分享交流中，小组成员发现大家对共享角有许多不同的声音，有肯定，也有建议。手册的记录帮助孩子们记住大家反馈意见的同时，也让孩子们对共享角有了更深入的思考，进一步推动了共享角的投放与使用。

共享角的搭建与成立的过程让孩子们学会尝试与他人沟通协作，学会尊重他人想法，倾听他人的意见和建议，与他人的相处之道和交流合作为探究能力的发展助力，也让孩子们认识到与他人合作的重要性。在造共享角的过程中，孩子们收获的不仅仅是对共享的认知，更大的成长是在一次次的大胆尝试、面对困难不气馁的过程中，积极寻求解决问题的有效方法，经过持续的努力，发现自身的力量，也让教师感受到儿童是有能力的学习者。

事实证明，幼儿在手册使用的过程中，主动、自主、自发地学习，个人思维的可视化和小组记录的协同合作，使幼儿沟通、提炼、表达、分析、理解等综合能力得到发展。另外，将幼儿作为课程评价主体，既是对幼儿发展的尊重和重视，也是对其持续发展、形成自适应能力、提高探究能力的有力助推。

三、分享探究成果，鼓励个性表达

步骤五：我（我们）做得怎么样——“活动结束啦”

活动后期对整个探究活动的复盘反思，可以让幼儿在关注自身行为、通过整个活动更了解自己的优点和长处、建立自我认同感的同时，也能尝试站在他人的立场上思考问题，对他人的行为进行评价。在这一阶段，幼儿需要思考大家对于本次探究活动的建议是什么，自己在探究过程中最喜欢哪一个部分。并反思自己在活动中的表现有哪些地方还要继续努力。通过和他人的表现进行比较反思，推动幼儿自我认知的提升，发现和欣赏同伴的优点，促进其社会性的发展。

经历了共享角的创建与改造，每位成员都对自己有了不少新的认识。值得肯定的是，孩子们都对完成了共享角的创设感到满足和自豪，建立了不少自信。大家也都发现了自己身上的闪光点。当然，发现优点的同时，也认识到自身不足，比如希望自己向别人介绍的时候可以更勇敢一些，说话的声音更响亮一些等。

幼儿参与到“乐·活”探究活动中，对其计划能力、执行能力和问题解决能力都是不小的挑战，借助工具能帮助他们有意识地提出问题、围绕问题进行假设、根据计划验证假设等。通过幼儿的持续努力，共享角从一个想法，变成了一个真实存在的共享场域，他们从中获得的满足感与成就感是无法比拟的。《3—6岁儿童发展行为观察指引》强调，要关注对幼儿“做事专注、坚持”学习习惯的观察与分析。在课程实施优化研究的过程中，我们也更注重支持幼儿“遇到困难时能多次尝试，不轻易放弃，直到任务完成”的探究态度的培养。

目前，手册的使用已经不局限在“乐·活”探究活动中，早已渗透在幼儿一日生活的每个环节，成为幼儿探究学习的有效工具。教师也根据班级幼儿不同年龄特点、表征水平及学习需求，对手册进行班本化再设计和投放使用，如：调整手册大小，便于不同年龄段幼儿随时记录；增加不同底色，便于幼儿识别记录内容；基于幼儿能力与需求，支持多元记录方式——绘画、拍照、视频（手册上呈现对应二维码）、点读笔、文字辅助等；根据探究内容及幼儿实际需要增减页面，如增加采访、假设、发现等内容的记录页面，合并“问题”与“办法”页面，便于幼儿直接观察和整体理解。

教师也会依据幼儿活动阶段，调整手册呈现形态，如在活动前或幼儿取用过程中分页摆放，便于幼儿区分；活动过程中将记录内容在墙面呈现或“手风琴”状呈现，便于幼儿随时阅读了解计划、进程、探究顺序等；在活动后装订成册摆放在阅读区等位置，便于幼儿回顾经历或借助手册与同伴交流。

从手册的班本化调整和使用，可以看到教师“儿童视角”的理念转变和行为跟进。

第四章

理想评价的实践

评价是幼儿园教育工作中的重要内容，也是科学开展活动的重要依据。2019 年，我园对课程进行了一次系统、全面的评估，形成了《愚园路第一幼儿园课程 ADRO 评估报告》。报告中，我们发现教职工对办园理念以及育人目标的认同度很高，但是在课程实施中，理念与目标有待进一步落实：仅半数教师表示“在幼儿一日活动中，经常渗透‘乐·活’教育理念”；在对幼儿的评价中，仅极少数教师称会依据办园理念和目标对幼儿进行评价，但是大多数教师都认同“幼儿的发展”是课程建设的关键点。从该报告可以看出，教师对课程目标的落实以及幼儿发展的评价能力都有待提高，而儿童发展与课程目标的达成是直接挂钩的，报告的结果也引发了我们对课程目标的重新思考。

2022 年，我园在传承“乐己、乐人、活健、活泼”的育人目标的基础上，将“乐·活”教育的课程目标定位于“培养做好事、心情好、乐表达、有活力的儿童”；不断进行课程优化实践研究以支持幼儿提升自主性、探究性、合作性“三性”发展；在课程实践中，秉承陈鹤琴“做中学”的活动原则，在陈鹤琴“做中学”四步骤的基础上融合项目化学习六步教学法形成了我园的“做中学”新五步骤。

一路以来，在新课程目标的引领下，我园开展了丰富的课程优化实践研究，我们也开始思考：我们的课程目标是否达成？幼儿是否实现了学习方式的转变？“做中学”新五步骤如何推动幼儿学习方式的转变？带着对这几个问题的思考，我们尝试建立幼儿发展评价体系，结合“做中学”新五步骤开发《“做中学”幼儿行为观察指引》，支持教师不断熟悉并使用观察指引，支持推动幼儿的“三性”发展。在这个过程中，我们看到了幼儿的发展、教师的专业成长，也监测到了课程的发展成效。以下将重点介绍《“做中学”幼儿行为观察指引》的开发、使用以及我园在开展幼儿发展评价过程中的思考和收获。

第一节 《“做中学”幼儿行为观察指引》的开发

在新课程目标的引领下，幼儿在“做中学”的探究中实现学习方式的转变。然而，如何确保这一转变真正发生，并在日常教学中得到体现和深化，成了摆在教师面前的重要课题。为此，我园结合“做中学”新五步骤，精心开发了《“做中学”幼儿行为观察指引》，旨在为教师提供一个有力的工具，帮助他们更好地理解“三性”，熟悉幼儿“三性”发展，快速定位幼儿的发展水平，并在日常活动中观察、识别幼儿学习方式的转变情况。

通过《“做中学”幼儿行为观察指引》，教师可以清晰地了解到每个阶段幼儿“三性”发展的具体表现，从而在日常教学中有针对性地加以引导和培养。观察指引详细列出了在“做中学”新五步骤的不同步骤中，幼儿在主动性、探究性和合作性方面的典型行为，帮助教师快速识别并评价幼儿在这些方面的发展状况。

每个幼儿的发展速度和轨迹都是独特的，如何准确判断每个幼儿的发展水平，是教师日常工作的重要内容。《“做中学”幼儿行为观察指引》还有助于教师制订个性化的教学计划，还能确保每个幼儿都能在最适合自己的节奏下成长。

对青年教师而言，观察指引提供了系统的理论知识和实践指导，帮助他们快速掌握幼儿行为观察的基本方法和技巧；对于成熟型教师而言，观察指引则提供了一个反思和提升的机会，帮助他们在已有的经验基础上，更加深入地理解和应用，推动幼儿学习方式的深层次转变。

此外，《“做中学”幼儿行为观察指引》不仅是一份观察工具，更是一个教师间交流与合作的平台。通过观察指引的使用，教师们可以共同分享观察到的幼儿行为，讨论幼儿学习方式的转变情况，相互学习、相互启发，形成教育合力，共同推动幼儿教育的进步与发展。在制订指引的过程中，我园经历了以下几个阶段的研究历程。

一、阶段一：明确“三性”内涵

首先，课题组结合文献和教育实践行为分析，对“三性”的描述性定义和操作性定义进行梳理，形成与幼儿园课程形态相匹配的概念界定，助推教师深入理解“三性”内涵，更新理念、联结教育实践。

（一）自主性

先行研究主要从（学习）自主性的定义和结构展开，不同学者有不同的侧重，如：钟启泉认为独立性是自主性的重要内涵，认为自主性是“儿童成为行动的主体，不依赖他人（有时排除他人干预）自由地作出自己的判断、主张和行动”。[1] 邹晓燕等人认为自主性是指一种依靠自己的力量实现自己合理选择的目标的愿望和能力。[2] 董守生认为自主性是能力、品质、特征等综合素养的体现，是指在教育活动中，幼儿出于自身真实偏好，综合运用多种心智因素，能动地处理自身事务及与外部关系的品性，具有自我确真性（真实性）、自我独立性、自我认同性等特征。[3]

关于自主性的结构，主要有两个观点。邹晓燕等学者将自主性划分为自我依靠、自我控制和自我主张，但这一划分更接近对独立性内涵的理解。“综合素养说”认为，自主性是行动者在学校学习生活中发展的既联系又独立于他主性的情智行素养，包括相互作用的情意自主性、认知自主性和行为自主性三种主要元素。[4]

[1] 钟肩泉. 关于儿童“自主性”发展的心理学考察[J]. 教育理论与实践,1995(01):9−11.

[2] 邹晓燕,杨丽珠. 3—5 岁儿童独立性结构的验证性因素分析[J]. 心理科学,2005,28(1):225−226.

[3] 董守生. 论学生的自主性及其教育[D]. 华东师范大学,2013.

[4] 熊川武,江铃. 论学生学习自主性[J]. 教育研究,2013(12):25−31.

本研究参考董守生的界定，认为自主性是幼儿获得关键经验的内驱力，是指在教育活动中，幼儿出于自身真实偏好，综合运用多种心智因素，能动地处理自身事务及与外部关系的品性。关于自主性结构的划分，本研究借鉴柴军应的《学生学习自主性发展研究》，将自主性划分为情意自主、认知自主和行为自主三个维度，操作性定义如下表所示。[1]

表 10　自主性的操作性定义

维度	情意自主（意愿）	认知自主（决策）	行为自主（实践）
操作性定义	·相对稳定的具有主动和独立意识的学习信念、愿望和爱好等一系列情感与意愿，在于学习的主动意识和自主欲望。	·运用逻辑思维和反思性手段等对学习内容和过程进行富有主见的加工和审视。	·能从实际出发制订学习计划，选择内容并适当安排或调整学习任务，为达成目标而专心致志地学习。
表现形式	·对学习活动有相对稳定的兴趣，有好奇心。	·按自己的兴趣，对学习活动或内容进行选择。	·按照自己的想法，有计划、认真专注地完成任务； ·对结果进行回忆，作出简单分析，并愿意作出适当调整。

（二）探究性

进入 21 世纪，我国学者对于探究性学习有了更多的思考，以“探究性”为关键词在中国知网进行检索后发现，我国与探究性相关的文献从 2000 年开始逐年递增，到 2016 年达到顶峰，随后研究热度开始缓慢下降，到 2022 年，相关研究约 2400 篇。目前，学者们对探究性学习有着不同的定义：从全学段来讲，钟启泉认为探究性学习是指学生在教师指导下，从自然现象、社会现象和自我生活中选择和确定研究专题，并在研究过程中主动地获取知识、应用知识、解决问题的学习活动。[2]

[1] 柴军应. 学生学习自主性发展研究[D]. 华东师范大学,2016.

[2] 钟启泉. 为中华民族的复兴 为了每位学生的发展[M]. 上海:华东师范大学出版社,2001.

从学前阶段来讲，张宪冰认为幼儿探究性学习是教育者有计划设计的一系列教育活动，看重幼儿在活动中所表现出来的主动性，活动进行时幼儿通过直接经验对事物进行主动摸索，从而得出结果论断，并将其以多种方式表达出来，以得到相关知识经验，提升初步解决问题的能力本领，并且形成积极的态度和情感。[1] 唐晓琳将探究性学习定义为旨在促进幼儿手脚并用的学习方式，有效引导幼儿自主表达及合作交流能力的发展。[2] 由此可见，无论学段如何划分，探究性学习都具有主体性、开放性、操作性和持续性等特征。

本研究借鉴陈鹤琴“活教育”教学过程的四步骤及学者们对探究性学习的界定，结合课程实施实际，认为探究性是幼儿获得关键经验的基本方式，是幼儿面对感兴趣的话题、问题或情境时，主动参与其中，通过观察发现、信息收集、操作验证等方式持续专注地进行探索实践，使用多种方式表达和分享结果，最终获得某种经验或知识，与周围世界建立新的理解。同时，结合钟启泉对探究性学习的定义，本研究将探究性的操作性定义概括为探究意识、探究能力和探究态度三个维度。

表 11　探究性的操作性定义

维度	探究意识	探究能力	探究态度
操作性定义	·幼儿能在活动中主动发现、主动探究，积极参与。	·幼儿能够基于自身经验，在活动中运用各项能力，推动活动的开展。	·幼儿在探究过程中有良好的学习品质。
表现形式	·有问题意识，如因好奇而主动发问，因观察而对某一现象产生好奇； ·对话题有兴趣。	·观察发现； ·信息收集； ·语言表达； ·交流合作； ·实验验证； ·总结反思等。	·坚持不懈； ·乐于表达； ·做事专注，抗干扰； ·认真； ·不轻易放弃等。

[1] 张宪冰. 幼儿探究性活动及其指导策略研究[D]. 东北师范大学,2002.

[2] 唐晓琳. 幼儿探究性学习策略的研究与思考[J]. 科普童话,2019:4.

（三）合作性

对于幼儿学习的合作性，国内外的研究主要聚焦幼儿学习中的“合作”以及“合作性学习”。朱智贤在《心理学大辞典》中指出：“合作是为了共同的目标而由两个以上的个体共同完成某一行为，是个体间协调作用的最高水平的行为。”[1]可以看出，合作包括了合作双方共同的目标以及合作者之间的配合和协调。郑卫东认为，在知识经济时代，合作的本质特点即共享思维，而非仅仅行为上的合作。合作除了合作中的分工、交流、协调，也包括合作前对于问题和目标的充分思考、评估和分析，还包括了合作之后对于问题和目标进行的总结、分析等。[2]陈琴和庞丽娟认为，合作不仅是一种行为表现，而且是合作认知、合作情感、合作技能和合作行为的综合体。[3]

关于合作性学习，相关的研究主要聚焦其内涵、构成以及影响因素。合作性学习是一种旨在促进学生在异质小组中互助合作，达成共同的学习目标，并以小组的总体成绩为奖励依据的教学策略。国内很多学者都认为，合作学习应该包含五个基本要素：第一，积极互赖；第二，面对面的相互促进作用；第三，个人责任；第四，社交技能；第五，自评。刘均娥认为学生的合作性学习需要具备以下技能：承诺、团队工作能力、人际交往技能（共同制订决策、对话和讨论、保持团队学习效果、解决冲突、团队领导）等。[4]对于幼儿合作学习的影响因素，李艺璇认为主要有幼儿的认知发展水平、性别差异、性格差异；庞丽娟等人认为影响幼儿合作学习的主观因素有认知水平、交往技能、言语水平、性格、情绪特征，客观因素有目标结构、教养方式、榜样等。[5]

---

[1] 朱智贤. 心理学大辞典[M]. 北京:北京师范大学出版社,1989.

[2] 郑卫东. 幼儿合作行为发展特点及合作能力培养的研究述评[D]. 湖南师范大学,2012.

[3] 陈琴,庞丽娟. 论儿童合作的发展与影响因素[J]. 教育理论与实践,2001(03):43-47.

[4] 刘均娥,黄金月. PBL教学中提高学生合作性学习能力的研究[J]. 中国护理管理,2015,15(11):1356-1359.

[5] 陈琴,庞丽娟. 论儿童合作的发展与影响因素[J]. 教育理论与实践,2001(03):43-47.

结合以上研究，本研究认为合作性是幼儿获得关键经验的支持性条件，是两个或两个以上的幼儿为了实现共同的目标而结合在一起，他们相互配合、调整自己的情感和行为，而达到目标的一种心理品质。分为合作认知、合作情感、合作技能、合作行为四个维度，操作性定义详见下表。

表12　合作性的操作性定义

维度	合作认知	合作情感	合作技能	合作行为
操作性定义	·个体对共同行动及其行为规则的理解以及对合作意义的认识。	·儿童在其合作需要是否得到满足的情况下所引起的一种内心情感体验，它是合作行为得以发生的内在动机。	·在合作过程中，交往双方为了实现共同的目标而相互交流、协商、配合行动的技能策略，它是儿童合作行为产生的中介。	·儿童在合作目标的指引和合作情感的推动下，运用合作技能与他人进行交流与配合，以实现共同目标的一系列行为表现。
表现形式	·小组成员达成共识或作出决策，明确共同的目标； ·制订规则或对规则达成共识。	·相互信任和鼓励； ·因为自身独特贡献感到成功或满足。	·对话交流，思维共享； ·通过协商、配合等行动，积极解决矛盾。	·组员召集； ·积极互动，能够在讨论和倾听中分享彼此的信息和观点，制订计划； ·彼此了解并相互信任、鼓励，明确分工； ·组员各自行动，通过“做”完成自己的任务； ·组员共享结果，并能通过持续地反思、判断及调整改善小组的学习。

二、阶段二：厘清“三性”关注重点

在近几年的课程实践中，“做中学”新五步骤是我园“乐·活”教育课程实施的新方式，也是幼儿探索、发现、学习的过程，更是培养他们主动性、探究性和合作性的重要途径，与幼儿的“三性”发展紧密相连，但是每个步骤都有其独特的“三性”关注侧重点。

步骤一：我（我们）想做。在这一步，主要目标是激发幼儿的学习动机。因此，教师的观察重点应放在幼儿的“情意自主”和“探究意识”上。情意自主指的是幼儿是否对学习内容产生了兴趣和情感上的认同；而探究意识则体现在幼儿是否对未知的事物表现出好奇心和探究欲望。

步骤二：我（我们）要准备。进入第二步，幼儿开始为学习活动做准备。此时，教师的观察重点应转向幼儿的“认知自主”“探究能力”“探究态度”以及“合作认知”。认知自主意味着幼儿能否独立思考和解决问题；探究能力则体现在幼儿是否能够进行有效的探究活动；探究态度关注的是幼儿在探究过程中的耐心、坚持和毅力等学习品质；而合作认知则是幼儿对团队合作的基本认识和理解。

步骤三：我（我们）想这样做。在这一步，幼儿开始制订自己的学习计划。此时，教师应关注幼儿的“认知自主”“行为自主”“探究能力”“探究态度”“合作技能”以及“合作行为”。认知自主和行为自主关注的是幼儿是否能够独立思考和自主行动；探究能力和探究态度则体现在幼儿的学习过程中；合作技能和合作行为则关注幼儿是否能够与他人有效合作，共同完成学习任务。

步骤四：我（我们）试一试。在实施学习计划的过程中，教师应重点观察幼儿的“认知自主”“行为自主”“探究能力”“探究态度”“合作情感”“合作技能”以及“合作行为”。这一阶段不仅关注幼儿的学习成果，更关注他们在学习过程中的情感体验和技能发展。

步骤五：我（我们）做得怎么样。在评价阶段，教师的观察重点应放在幼儿的“认知自主”“行为自主”“探究能力”“探究态度”“合作情感”“合作技能”以及“合作行为”上。这不仅是对幼儿学习成果的总结，更是对他们“三性”发展的一次全面评估。

厘清了新五步骤中的“三性”关注重点，教师不仅能够深入了解幼儿在“三性”发展上的具体情况，还能在探究活动的不同阶段为幼儿提供更有针对性的指导和支持，将幼儿“三性”的培养更具体地落实到不同阶段。

表 13　新五步骤中“三性”关注重点

“做中学”新“五步骤”	“三性”关注重点
步骤一：我（我们）想做 重点关注：学习动机	情意自主、探究意识
步骤二：我（我们）要准备 重点关注：学习准备	认知自主、探究能力、探究态度、合作认知
步骤三：我（我们）想这样做 重点关注：学习计划	认知自主、行为自主、探究能力、探究态度、合作技能、合作行为
步骤四：我（我们）试一试 重点关注：学习过程	认知自主、行为自主、探究能力、探究态度、合作情感、合作技能、合作行为
步骤五：我（我们）做得怎么样 重点关注：学习评价	认知自主、行为自主、探究能力、探究态度、合作情感、合作技能、合作行为

三、阶段三：梳理典型行为

确定好了“做中学”新五步骤每个步骤的“三性”关注重点后，我园三个项目组通过理论的统整演绎和活动实践验证，结合《3—6 岁儿童发展行为观察指引》，梳理出了幼儿与“做中学”新五步骤相匹配的能够体现自主性、探究性、合作性的典型行为，便于教师进行精准识别和分析。

在形成观察指引的初稿后，课题组成员结合幼儿日常观察与分析，对指标进行研讨和修订，开展纵横两个维度的水平分析，其中每个步骤中将幼儿的“三性”划分为 3 个发展水平，保障指标的完整性和递进性，形成最终版的《“做中学”幼儿行为观察指引》。

观察指引按照“做中学”新五步骤划分为 5 个纵向维度，针对幼儿的表现行为划分为 3 个水平：表现行为 1、表现行为 3 和表现行为 5。

水平的界定与评估：在每个步骤的“表现行为 1”中，各条指标所描述的内容是并列的，它们没有高低之分，而是共同构成了幼儿在该步骤中的行为表现。例如在步骤一中，幼儿对周围环境的好奇和提问（1–1）与对各类活动的兴趣（1–2），以及对生活中遇到的问题寻求帮助（1–3）是同等重要的，它们共同反映了幼儿在这一步骤中的学习动机。表现行为 3 和 5，以及其他步骤也都如此。如果幼儿的行为符合表现行为 1 中的所有内容，那么我们可以说幼儿稳定达到了“表现行为 1”的水平。如果幼儿达到了表现行为 1，但只能达到表现行为 3 中的部分行为，那么幼儿就处于“表现水平 2 ”的水平。这意味着幼儿的行为表现已经开始向更高水平发展，但尚未完全达到“表现行为 3”的所有要求。同理，如果幼儿已稳定达成“表现行为 3 ”，却未达“表现行为 5 ”，那么他处于“表现行为 4 ”阶段。

水平与年龄段的关系：与《 3 — 6 岁儿童发展行为观察指引》一致的是，《“做中学”幼儿行为观察指引》中的表现行为 1、3、5 并不直接对应小、中、大班的年龄段划分，而只是列出了幼儿发展的阶段性典型表现行为。每个幼儿的发展速度和轨迹都存在不均衡性和个体差异性，因此即使在同一班级中，也可能有幼儿处于不同的发展水平。

指引使用的目的：这份观察指引的目的是捕捉每个幼儿的个体差异和发展需求，而不是将他们简单地归类到某个固定的年龄段或发展水平中。幼儿在稳定达到某一水平后，教师可以运用后一水平阶段的表现作为观察和了解幼儿的参照，并提供更加个性化的教学计划、学习资源以及适宜的活动机会，引导幼儿向后一阶段发展。另外，从课程的角度来看，观察指引的使用也可以帮助教师检验教学目标、课程目标是否达成。

表14 “做中学”幼儿行为观察指引

“做中学”新五步骤	幼儿典型行为表现		
	表现行为1	表现行为3	表现行为5
步骤一：我（我们）想做	1-1 对周围环境中的人、事、物充满好奇，喜欢提问、观察； 1-2 对各类活动有了解和参与的兴趣； 1-3 对于日常生活中遇到的问题，主动寻求帮助。	3-1 能主动发起自己感兴趣的活动； 3-2 能自主选择参与各类活动； 3-3 对于日常生活中遇到的问题愿意自己主动解决。	5-1 能与同伴合作发起活动，邀请同伴参与自己的活动； 5-2 根据自己真实意愿做出判断和选择，说出理由； 5-3 对自己感兴趣的事情或活动愿意持续探究。
步骤二：我（我们）要准备	1-1 对自己感兴趣的问题或活动，在成人的帮助下进行资料收集； 1-2 对于所要进行的活动有初步的设想并愿意大胆表达。	3-1 能通过简单的调查，收集和选择自己需要的信息（资料及资源收集）； 3-2 能主动用多元表征方式记录收集到的信息，并与同伴分享。	5-1 能够运用信息化手段等收集信息资料，并通过口头介绍、小海报、视频等方式与同伴分享自己理解的资料信息； 5-2 能为自己感兴趣的活动创造良好的环境，包括材料使用、人员参与和自己行为的管理。
步骤三：我（我们）想这样做	1-1 能在成人的帮助下愿意尝试制订简单的计划； 1-2 能运用语言、图画等多种方式表达自己的想法； 1-3在一日生活中，能按照自己的想法安排自己的活动。	3-1 能围绕学习目标（任务），自主制订简单的活动计划； 3-2 能在清楚表达自己想法的同时，注意倾听、尊重同伴的想法； 3-3 在连续性时间段里，有步骤地安排自己的活动，完成预期计划。	5-1 尝试有一定挑战性的任务，能设法努力围绕任务制订具体、详细的计划； 5-2 当自己想法与别人不同时，敢于坚持并说出自己的想法； 5-3 面对具有挑战性的活动，能与同伴分工、合作、协商，制订活动完成步骤。

（续表）

"做中学"新五步骤	幼儿典型行为表现		
	表现行为 1	表现行为 3	表现行为 5
步骤四：我（我们）试一试	1-1 喜欢摆弄、操作材料，好奇、好问； 1-2 尝试对感兴趣的事物进行观察、记录； 1-3 对某一活动内容能有自己的理解并借助语言、图画、肢体语言等多种方式表达出来； 1-4 与同伴发生冲突时，能听从成人劝解； 1-5 对感兴趣的活动能持续集中注意一段时间。	3-1 乐于动手动脑探索未知的事物； 3-2 能按照活动计划进行持续的实践操作直至任务完成； 3-3 能主动表达自己参与活动的感受或想法，并愿意聆听同伴的想法和感受； 3-4 知道轮流分享，能在成人的帮助下和平解决与同伴的矛盾； 3-5 遇到困难时，在鼓励下能继续进行活动。	5-1 乐于在动手动脑中寻找问题的答案； 5-2 能对活动内容做出合理假设，并进行验证； 5-3 基于解决某一问题，能通过分享想法寻找解决的方法，共同解决情境性问题； 5-4 当发生矛盾时，能调节自己的情绪，能与同伴一起尝试用多种方式解决矛盾； 5-5 能根据活动开展需要，调整自己的行为，具有较好的专注性。
步骤五：我（我们）做得怎么样	1-1 用各种方式呈现活动成果，简单表达感受； 1-2 能为自己经历的过程和取得的成果感到开心； 1-3 愿意对同伴的表现表达鼓励。	3-1 愿意用自己喜欢（或擅长）的形式与大家分享自己发现、困惑或成果。 3-2 愿意对自己参与活动的表现进行评价； 3-3 尊重同伴对活动结果的评价或感受； 3-4 能对活动经历过程进行回忆和简单反思。	5-1 活动成果愿意共享，有集体荣誉感和归属感； 5-2 能接受自己的活动表现或成果，并对之后的活动保持信心和兴趣； 5-3 对别人的评价有自己的判断； 5-4 能对自己做的计划、事情和结果进行回忆，做出简单的分析，并愿意做适当的调整。

第二节 《“做中学”幼儿行为观察指引》的实践应用

在使用《“做中学”幼儿行为观察指引》的过程中，我们不仅考虑幼儿在自主性、探究性、合作性方面的发展，在关注幼儿学习方式转变的同时，我们也在评估幼儿园的课程理念和课程目标是否得到落实。

我园的“乐·活”课程理念强调为儿童创造一个适合其完整成长的生活乐园。这一理念突出了“创造”“完整成长”和“生活乐园”三个核心概念。“创造”意味着幼儿和教师共同为课程的创生者，“完整成长”关注幼儿的全面发展，“生活乐园”意味着一日活动皆课程，大自然、大社会都是活教材，强调整合一切可以利用的资源促进幼儿的发展。幼儿不仅是知识的接受者，更是知识的探索者和创造者。因此，观察指引的使用应与这一理念相契合，注重观察幼儿在实践中的行为表现，关注幼儿在认知、情感、社会性等方面的整体发展，了解他们的学习方式和学习特点，以便为他们提供更加符合其发展需求的教学支持。课程目标则具体化为培养做好事、心情好、乐表达、有活力的儿童。这意味着在幼儿行为观察的过程中，我们要特别关注幼儿是否能在课程中自由表达、积极参与，是否能在活动中体验到快乐，是否能在与他人的互动中形成良好的人际关系。

在观察指引使用的过程中，幼儿园鼓励教师以《“做中学”幼儿行为观察指引》为支架，在拍照、摄像、文字记录收集幼儿行为表现的基础上，结合观察指引，对幼儿每个阶段的行为表现水平进行分析。根据观察和分析的结果，及时调整教学策略和方法，使课程内容更加贴近幼儿的兴趣和需求，并最终实现幼儿园的课程目标。

另外，我们也会在教研活动中使用观察指引，通过研读指引、结合指引聚焦某一个案例进行分析、在头脑风暴中思考教学策略等。在一次次使用过程中，教师的课程意识、儿童行为观察与分析能力等都得到了提升。以下重点阐述教师如何使用观察指引评价并促进幼儿的发展。

一、聚焦场景，分析行为

（一）确定观察重点，记录关键行为

在幼儿园的教学实践中，“做中学”新五步骤一方面是幼儿的学习方式，另一方面也成了我们指导幼儿学习的核心框架。“做中学”新五步骤的每一个阶段都有其关注重点，一是“三性”关注重点，二是探究层面的关注重点（五个步骤分别重点关注幼儿的提出问题、资料收集、讨论计划、实践探究和分享交流）。在我园的教研活动中，我们也会围绕幼儿在不同步骤中的关键发展以及教师支持策略开展系列教研活动。因此，教师可以结合每个阶段的关注重点或者围绕对某个幼儿的持续关注，记录关键的场景和行为。

（二）分析幼儿发展水平，思考发展空间

在分析幼儿发展水平时，教师可以通过观察一个或者一组幼儿的行为、言语，也可以在分享交流中记录幼儿的所思所想，还可以分析幼儿的表征。在我园的探究活动中，幼儿的《“乐·活”探究手册》就是教师分析幼儿的工具之一。在分析时，可以将幼儿的行为与观察指引的指标结合起来，思考幼儿符合哪些表现行为、尚未出现哪些表现行为。一个表现行为下面包含了好几条幼儿的典型行为，在一个案例中也许并不能看到幼儿完整的水平发展，因此教师也可以结合幼儿在一日活动中或者其他探究活动中的表现进行综合分析。

案例一：谁在花园里拉了屁屁

4月的一天，孩子们正在进行户外游戏。在小花园的白色小石子中，出现了一些奇怪的东西。这是几团被白色小石子包裹起来的黑色不明物体，小石子不似以往，颜色已经有点发黄。起初，只有桐桐发现了，蹲在小花园里观察着这团物体。“啊呀！杨老师你看，有小动物来我们这里拉屁屁了！这里！在这里！”听到桐桐的呼唤，我向她走去。她不停地问道：“杨老师！这是什么呀？”“这是不是小动物拉的屁屁？”“是谁拉的屁屁？”……

这个案例处于“做中学”新五步骤的步骤一，即我（我们）想做。在该阶段，教师可以重点关注幼儿的学习动机，在“三性”方面可以重点关注幼儿的情意自主、探究意识。

案例中，桐桐表现出了强烈的好奇心和观察力，她蹲在花园里进行了一段时间的观察，对周围环境中的事物保持了高度的敏感性，体现出了自主性中的情意自主，也反映出她具有初步的探究意识，愿意主动探索和了解未知的事物。当自己不太确定“不明物体”是什么时，桐桐大声呼唤老师进行提问、寻求帮助。通过分析这个案例，可以看出桐桐达到了步骤一表现行为中的1–1和1–3。虽然在这个案例中无法判断桐桐是否达到了这个表现行为的1–2，但是结合桐桐平时的表现，不难判断她对幼儿园的各类活动都是充满兴趣并且愿意积极参与的。结合以上的分析，我们可以看到桐桐已经达到了“表现行为1”。

通过分析“表现行为3”中的典型行为，目前桐桐达到了3–2，能自主选择参与各类活动。但是她还不太能够主动发起自己感兴趣的活动（3–1），在遇到问题时主动思考解决的能力也是欠缺的（3–3）。因此，接下来教师可以在这两个方面着重引导，观察、聆听桐桐后续的行为，也可以适时提供支持，如鼓励桐桐对“不明物体”进行猜测、回家在爸爸妈妈的帮助下一起收集不同动物的屁屁图片等，鼓励桐桐对这个问题进行更深的思考和探索。

案例二：大大的顶棚，小小的我

片段 1：这学期，中四班的植物角搬家了，露天的环境更宽敞美观，也更适宜小植物晒到太阳。美中不足的是，遇到下雨天，小植物就得一直淋雨，但有些品种不需要那么多水分。于是，孩子们决定给植物角造一个可以遮雨的顶棚。想要参与造顶棚的一共有 8 名幼儿，跳跳也是其中之一，他们称自己为“顶棚小队”。

片段 2：跳跳在和队员们初步讨论“设计一个怎样的顶棚”时，提出了很不错的想法，促使他主动地想要向全班幼儿来介绍。跳跳轮到第二个发言，在第一位朋友介绍时，他脸上的表情显得不怎么轻松，小手来回搓。快要轮到跳跳了，他深吸了一口气。同伴将计划书递过来，跳跳拿着纸有些为难，半天没开口，他将身体侧向了同伴，想要将计划书递还回去。最终在老师的提问、追问中，跳跳还是比较顺利地分享了自己的想法，然而皱着眉头的表情反映出他依然有些紧张和不习惯。

片段 3：孩子们按照计划做顶棚的支架，先要将两根竹竿用透明胶连接捆绑起来，变成一根更长的竹竿。于是，小队成员全体出动，有的拿竹竿，有的拿透明胶，有的搬小椅子，唯独跳跳站在原地。不一会儿，大家收集好了材料，开始三三两两一起绑竹竿。跳跳依旧站在旁边观望。我问跳跳：“你不想试试吗？”跳跳轻轻地说：“我不知道怎么做，我想先看看。”

这几个案例片段属于“做中学”新五步骤的步骤三，即我（我们）想这样做。在该阶段，教师可以重点关注幼儿的学习计划，在“三性”方面可以重点关注幼儿的认知自主、行为自主、探究能力、探究态度、合作技能、合作行为。

在案例片段 1 中，跳跳和同伴一起讨论制订了给植物角造一个顶棚的计划并绘制了计划书。在小组讨论中，跳跳提出了很不错的想法，可以看出跳跳达到了步骤三“表现行为 1”中的 1–1、1–2 以及“表现行为 3”中的 3–1。在一日活动中，跳跳也能按照自己的想法安排自己的活动。可以看出跳跳充分达到了“表现行为 1”。

但是分析案例片段 2，可以看出跳跳在集体发言时是比较紧张、害怕的，不太能够清楚表达自己的想法。在案例片段 3 中，面对之前和同伴一起设计好的计划书，跳跳有些手足无措，缺乏与同伴的合作技能，且还不能按照计划有步骤地安排自己的活动，完成预期计划，还没有达到“表现行为 3”中的 3–2 和 3–3。因此，跳跳目前还处于“表现行为 2”的水平。

根据跳跳的表现，教师在探究能力（尤其是语言表达）、合作技能（对话协商）以及计划性上还可以给予跳跳一些支持，帮助跳跳达到“表现行为 3”中的 3–2 和 3–3。

二、专业支持，促进发展

在分析了幼儿的发展水平后，教师可以通过进一步的教学支持来促进幼儿在原有的水平基础上往更高水平发展。教学支持主要有行为支持策略和环境材料支持策略。行为支持策略可包括通过提问讨论分解幼儿的问题、帮助幼儿学会制订计划等；环境材料支持策略可包括将幼儿的问题可视化、呈现探究的思维导图、创新温馨又自主的心理环境、为幼儿提供所需的丰富材料等。

除了提供教学支持，教师还要持续追踪、评价幼儿后续的发展，以此来判断教学支持带来的教育成效。以下结合案例分别阐述教师的环境材料支持策略和行为支持策略。

（一）环境材料支持策略

环境和材料在幼儿的发展中起着至关重要的作用。它们不仅是幼儿学习和探索的工具，还是激发他们好奇心、创造力和想象力的源泉。以下两个案例片段，可以看出教师如何支持幼儿运用多种方式来进行资料的分享，从而达到步骤二“表现行为 5”中的 5–1。

案例一：安全标志

片段 1：在中一班的探究活动“安全标志，小朋友都能看懂吗？”中，经过了一个多月的时间，探究小组围绕幼儿园的滑滑梯、大操场、后山坡三个场地以及上面的器材制作了一系列的安全标志。但是在采访小班的弟弟妹妹、大班的哥哥姐姐，还有中二班的小朋友时，幼儿失望地发现其他班级的小朋友并不能看懂这些标志。怎么办呢？幼儿决定一个一个班级去介绍这些安全标志的意思。

从这个片段可以看出，幼儿介绍资料的方式非常单一，局限于口头介绍。而且对于幼儿来说，一个班级一个班级去介绍的效率是非常低的，而且这样的宣传也是一次性的。为此，教师在班级里提供了平板电脑、儿童相机等设备，幼儿发现原来还可以用视频来进行资料的分享。到了大班，班级里的孩子已经非常熟悉用平板电脑拍摄视频的方法，可以将这个方法迁移到其他的探究活动中，在需要介绍资料的时候也习惯于使用各种方式，达到了步骤二“表现行为 5”中的 5–1。

片段 2：到了大班，大一班的幼儿在幼儿园造了一个“共享角”，里面投放了一些共享物品，如纸巾、充电宝（给老师用）、雨伞、遮阳帽等。幼儿还设计了借还的登记表。如何向幼儿园的老师和小朋友介绍共享角以及登记表的使用呢？大一班的幼儿很快就想出了用拍摄视频介绍的方法，以及搭配使用点读贴和点读笔，在登记表上说明使用方法。

（二）行为支持策略

在“大大的顶棚，小小的我”的案例中，教师发现跳跳对设计顶棚的活动并不是不感兴趣，只是缺乏一定的任务意识和计划性，因此无从下手实践。为此，教师进行了行为支持。

教师的行为：我为跳跳留下一定的时间和空间，支持他在一旁观望，这何尝不是一种学习和积累呢？在支持跳跳观望学习后，我问他是否明白小朋友之间如何合作，有没有遇到什么问题？在集体的分享交流中，我们一起讨论了“大家如何合作一起连接竹竿”，将这个问题层层拆解为“连接一组竹竿需要几个人？这么多人可以分成几组？”“一组两个人可以怎么分工？需要准备哪些工具材料？”“不同的分工具体要做些什么？”……我也询问了跳跳下一次的计划，是否准备好了加入同伴合作等。我鼓励跳跳在《“乐·活”探究手册》上尝试记录下自己的计划、分工等，有目的地进行下一步探究任务。

在案例中，可以看到教师先是尊重跳跳的学习节奏，允许跳跳通过观察同伴进行模仿学习。跳跳和班级其他幼儿虽已进入中班下学期，逐渐有了合作的意识，但是对于“如何合作”依然处于懵懂的状态。教师组织了一次集体讨论，在讨论“大家如何合作一起连接竹竿”这个问题中，将抽象的“合作”具体化，将其拆分成很多子问题，从而帮助跳跳明晰自己在同伴合作中可以完成的具体事项。在确定好可以做哪些事情后，教师在和跳跳的一对一互动中，帮助跳跳“预习”第二天的计划，引导跳跳逐渐形成先思考后行动、先计划后行事的好习惯。事实上，教师的行为支持给跳跳带来了变化。

跳跳的变化：第二天，跳跳和队友两人共同完成了竖立竹竿的小任务后，他们并没有闲着，而是来到另一队帮忙。有了之前竖立竹竿的经验，跳跳很清楚需要用到哪些材料、需要做些什么事，于是他主动搬来了砖块，并且为了让小伙伴取用方便，还调整了摆放砖块的位置。他看见小伙伴超轻黏土用得不够多时，还会及时提醒，最后还用力帮忙压紧砖块。任务完成后，两个小队的朋友们一同拥抱庆祝这次愉快的合作。

通过该片段可以看出，跳跳已经具有了一定的任务意识，坚持完成小组的计划后，还不忘关心其他组员的任务进展，并且关注到他人的需要，提供帮助。在帮助其他小组的时候，跳跳做事思路清晰，非常有条理、有步骤。我们也欣喜地发现跳跳已经达到了步骤三“表现行为 3”中的 3–3。

三、对幼儿发展评价的思考

在我园深入开展的幼儿课程实践中，我们逐渐认识到评价的重要性并提炼出了几个核心原则。首先，评价要关注过程性，这意味着我们不仅要关注幼儿学习的结果，更要重视他们在学习过程中所展现的态度、兴趣、努力以及所获得的发展。其次，个性化原则强调每个幼儿都是独一无二的，他们的学习方式和速度各不相同，因此评价必须尊重并体现这种差异性，为每个幼儿提供符合其特点和发展需求的学习支持。最后，多元化原则提醒我们，评价的方式和内容应该是多元的。这些原则共同构成了我园幼儿评价的基础，引导我们更加科学、有效地促进每个幼儿的全面发展。

（一）过程性原则

根据国际学前教育质量评估走向“过程性”与“产出性”评估并重的趋势，课程质量评价突出关注“过程”的特点。这种评价方式不仅关注幼儿的学习成果，更重视他们在学习过程中的表现、努力和进步。通过持续的过程性评价，教师可以深入了解每个幼儿的学习风格、兴趣点和潜在能力，从而为他们提供个性化的学习支持和指导。

幼儿每天都是“新”的，在工作中，我们也时常发现每一个幼儿，其不同能力的发展速度也是不一样的。因此，我们的评价工作也不会局限于追求一个静止的、固定的结果，而是需要对幼儿进行动态、连续的观察和评价，捕捉其成长的一个个精彩瞬间。动态、连续的观察评价机制，也让我们能够更加全面地去看待幼儿的成长。下面是一位老师在值日生工作中对幼儿进行的观察评价。

案例：做有礼貌的值日生

十一长假后，孩子们就开始热火朝天地每天进行值日生工作，但是总会有些孩子忘记自己的“工作”，对于工作内容的理解也有各种各样的问题。

一段时间后，孩子们已经非常熟悉所有区域值日生的工作内容，也愿意积极地投入其中。但是近期我也经常会听到一些前来告状的声音：“肖老师，我刚才包过肚子了，但康康一直拉着我不放，说我没包好。”“我是值日生，所以你要听我的！”

针对值日生态度问题，有孩子在讨论时提出了值日生评选的方法，班级里许多孩子都觉得是个好主意，于是我们便开始尝试起来。孩子们每天通过投票评选出当日最佳的值日生。这也让孩子们对做好值日生工作变得更加积极了起来，现在的我们也总能听到值日生有礼貌的话语：“请你记得长袖变短袖哦，不然要弄湿了”“你吃饭要吃得多一点吗，我帮你加一点吧”……

案例中，孩子们在值日生的工作中产生了许多关于社会交往方面的矛盾，原因是孩子们对于值日生工作的定义产生了分歧。老师在连续的观察后先后从谈话、环境创设等方面为幼儿提供了支持。我们也欣喜地看到，经过一个学期，小值日生们为了获得同伴们的认可与肯定，从一开始强硬的管理和检查态度逐渐转化成了对同伴的关心和体贴。

过程性原则要求教师要有耐心和细心，对幼儿的长期发展进行观察和记录。通过长期的观察，教师可以了解幼儿的发展轨迹和特点，为其提供更加适合的教育支持。此外，教师还需要及时给予反馈，指出幼儿的优点和需要改进的地方。这种即时反馈有助于幼儿明确自己的努力方向，也有助于教师了解幼儿的发展状况，以便调整教育策略。

（二）个性化原则

每个幼儿都是独一无二的个体，我们既要了解幼儿发展的整体趋势，同时也要注意到每个幼儿都有独特的发展速度和发展优势。《上海市办园质量评价指南》指出，幼儿的发展是连续的，既有共性特点，又有个性特征。教师要促进每一个幼儿在原有水平上获得切实的发展。

在课程发展的实践过程中，我园也在积极探索不同的评价方式以促进幼儿的个性化发展。老师们记录幼儿发展的一个个精彩瞬间，并撰写“解读童心”。我们还研发了《教师口袋记录表》，教师可以利用这个工具在一日活动中对每个幼儿进行观察和聆听，在“看到”和“听到”幼儿的基础上客观地去分析每个幼儿的情况。《教师口袋记录表》也成了教师撰写“解读童心”的依据。

表 15 教师口袋记录表

记录时间：　　　　　　　　　　　　　　　　　　　　　　记录者：

【我关注到的】
【分析与反思】

因此，教师要尊重幼儿的个体差异，每个幼儿都有自己独特的性格、兴趣、能力和学习方式。个性化评价要尊重这些差异，并针对不同幼儿的特点进行评价，而不是用统一的标准来衡量。下面是一位教师在户外活动中对一名性格比较腼腆、内向的幼儿的观察，并从中发现了该幼儿的独特的学习方式。

案例：你被罚款了

片段 1：户外游戏开始了，肉肉站在滑滑梯入口旁边不动，看着滑滑梯上的小朋友在玩。其中有个小男孩总是站在滑滑梯入口，拿了一个小超市扫描商品的机器，看到有人要上滑滑梯就扫一下。肉肉观察了好一会儿，我就上前鼓励道："其他小朋友都上班啦，你呢，你今天想当谁呀？"肉肉不回答。

片段 2: 过了一分钟，肉肉用手指着远处的脚踏车，原来他想要当警察骑车去巡逻。于是我请肉肉自己去问问那个小朋友，愿不愿意把脚踏车让给他。肉肉去了，我只是远远看着。很快，肉肉回来了，我知道，他没能成功。

片段 3: 过了五分钟，我在经过滑滑梯旁边的时候，一个声音传来：“老师，你被罚款了！”我一低头，是肉肉拿着小超市扫描商品的机器看着我。我蹲下来看着他：“为什么被罚款了呀？请问你是谁呀？”“我，我是交警，你被罚款了！”

老师在评价记录中这样写道：肉肉是我们班大月龄的孩子，但是性格却一直比较敏感内向，说话的时候一紧张就会有点结巴。在这个场景中，可以看出肉肉在观察同伴游戏的时候其实不断在思考，对游戏的场景和使用的工具产生了兴趣，能够将其他人的经验迁移到自己的游戏过程中去。他通过观察汪汪队的游戏，寻找了扫描机器作为交警执勤的罚款工具，同时也对于交警的工作有一定生活经验，并对游戏进行了创新。在这个过程中，相信肉肉一定也进行了有意义的学习。

案例中，老师在肉肉想要脚踏车的时候，对其进行了语言上鼓励，并没有上前去帮忙，给肉肉提供了自主去与同伴沟通的机会。在肉肉尝试新游戏的过程中，老师一直默默在旁观察，并精准地分析了肉肉独特的学习方式。评价就是要认识到幼儿的差异，在这个基础上，教师还可以为幼儿制定个性化的教育发展计划，为其提供更加贴切、个性化的教育服务，促进其全面、健康地成长。

（三）多元化原则

多元化原则要求对幼儿的发展进行多元评价，包括认知、情感、社会、语言等方面。评价方式也可以多样化，如观察、作品分析、口头表达等。通过多种方式的评价，教师可以更全面地了解幼儿的潜能和特点。

我园对幼儿的发展评价是渗透在一日活动中的，不管是生活活动还是户外活动的沙水游戏，抑或主题下开展的探究活动，教师始终用专业的视角去发现幼儿在不同领域的发展。在工具的使用方面，除了借助《指南》《幼儿园办园质量评价指引》等权威文件，我园还开发了《“做中学”幼儿行为观察指引》，便于教师更加精准地识别幼儿的“三性”发展水平，从而更好地为幼儿提供支持。在评价方式上，除了利用照片、视频，更多的是对幼儿的过程性活动进行持续关注，以及对幼儿的多元表征进行解读。

以下案例就是一位教师通过对幼儿的表征进行分析来发现幼儿的发展。

案例：记录美好事物

在主题活动中，孩子们讨论出用眼睛、手、脚、鼻子、耳朵和嘴巴这些部位去寻找幼儿园绿色跑道上的美好事物。三天的个别化活动时间段，蚕豆用各种方式将自己的发现记录了下来，有照相机拍摄、简单的符号记录、图像的表征方式，以及直接将发现的实物进行粘贴的方式等。从蚕豆的图像表征中又可以发现三种不同的表征方法——直接画出事物的外形（如乌龟、叶子）、用简单的符号代表一定的意义（如用一条一条的线条代表闻到的空气），以及用图形与线条组合的方式。仔细观察，还能发现在蚕豆的记录中，叶子有着两种不同的表征方法——直接画出其外形，以及用圆形、方形代表树叶。蚕豆能够用线条、图形及其组合等符号传递信息、表达想法，说明蚕豆具有较好的前书写能力、观察及思维能力。

在以上案例中，老师通过对幼儿表征的细致观察，不仅能看出幼儿的前书写能力，还能分析比较抽象的观察和思维能力。不同的评价方式可以帮助我们更全面地了解幼儿的发展状况，也能提高评价的准确性和可靠性。

评价的主体也不应仅限于教师，家长、幼儿等都可以成为评价的主体。幼儿的发展不仅仅发生在幼儿园，也发生在家庭中。除了教师，家长作为最熟悉幼儿的人，也是幼儿发展评价的重要主体。家长参与评价可以帮助教师从多个角度了解幼儿的发展，也有助于幼儿园和家庭建立一致的教育理解。因此，我园也邀请家长参与幼儿发展评价。每个月，教师都会发放《“乐·活”幼儿家长观察指引》，收集家长的评价、反馈和建议。在指引中，我们为家长提供评价的内容，也提供了一些评价的方法。

此外，幼儿也可以是自身发展评价的主体。在课程优化实践中，我们在《“乐·活”探究手册》中增加了“活动结束啦”“大家的建议”部分，其中“活动结束啦”主要是请幼儿就自己认为“最棒的地方”和“还可以再加油”的部分进行评价，“大家的建议”则是让幼儿去收集和倾听同伴的建议和想法。来自幼儿自己和同伴的“点赞”和鼓励可以促进幼儿的自我认知，帮助幼儿改进自身行为、建立自信和自我效能感。

第三节 《“做中学”幼儿行为观察指引》应用的收获

一、幼儿在评价中的成长

（一）转变学习方式，做有能力的学习者

“中国学生发展核心素养”包括文化基础（人文底蕴、科学精神）、自主发展（学会学习、健康生活）、社会参与（责任担当、实践创新）。对照这六大核心素养，幼儿具有自主性、探究性、合作性的学习方式至关重要，是幼儿可持续发展、健康生活、适应社会的基础。幼儿的发展受到完整课程的全面影响，当幼儿经历的在园一日生活和家庭生活都是开放的，给予幼儿充分表达自我主张的机会，支持幼儿持续探索，鼓励幼儿合作共学时，幼儿的独立意识、目的意识会明显加强，他们从被动地接受者变成主动的活动发起者。源于真实的兴趣会持久地推动他们的探索行为。借助手册等工具记录、反思、回顾每一个学习过程，幼儿会对自身的学习经历更加清晰，有助于积累有效的学习方法和经验。如果能有充分与同伴合作解决问题和冲突的经历，将利于他们自身长久且深远的发展。

（二）自主解决问题，有效自我管理

经历了三年学习方式的转变，幼儿成了活动的发起者，根据自己的兴趣选择活动内容，准备材料，完成心中所想的活动，具有独立意识和决策能力的同时，更能通过自主思考解决当下的问题与困难。由被动变为主动，由听从变为思考，学习方式的转

变让愚一幼儿园的孩子们拥有了自信、独立、善思的良好品质，真正成为学习的主人。

案例：自己的“小咖秀”

在幼儿居家期间，老师发起“小咖秀”活动倡议，鼓励幼儿在家通过网络平台进行才艺展示。朵朵妈妈由于工作繁忙，无暇为朵朵创设拍摄环境，因此找老师请假暂不参加。然而几天后，老师却在网络平台意外看到了朵朵的“小咖秀”视频。事后和妈妈沟通才知道，原来朵朵在没有妈妈的帮助下，自己找到平板电脑，架好机器，面对镜头拍下了这个视频，通过自己的努力解决了“难题”。正是因为朵朵有了日常自主解决问题的意识，才能有效管理自己的学习和生活，勇敢面对复杂多变的环境，发掘自身潜力。

（三）体验持续探究，优化思维方式

根据皮亚杰认知发展阶段理论，3—6 岁幼儿仍处于前运算阶段，开始从具体动作中摆脱出来，可以凭借象征性格式在头脑里进行表象性思维。探究的亲身体验可以让幼儿在问题情境中不断累积直接经验，在发现问题后，尝试通过多种途径收集资料，思考如何通过观察、操作、实验等方式来完成问题解决。《“乐·活”探究手册》的使用则为幼儿提供记录、表达、分享成果的平台，成为可视的幼儿个性化思考过程的载体，支持幼儿不断强化任务意识，主动思考，评估调控学习进程，养成良好学习品质和学习习惯。

案例：敏敏的草莓种植计划

在一次散步活动中，敏敏萌发了种草莓的愿望。于是她开始尝试在探究手册中记录自己的想法：在封面表征了自己的问题；在“资料收集”里记

录了解到的草莓的生长习性以及需要哪些种植材料；在“讨论计划”里用自己的方式罗列出近期需要做的事情，比如搭建草莓棚、给草莓换个大盆等。通过探究手册的使用，敏敏尝试用多种方式表达自己的想法，每一次的记录都帮助她主动思考下一步计划，如何解决问题，这样的思维方式为未来的学习奠定了扎实基础，也为未来可持续发展提供动力。

（四）整合环境资源，尝试多元合作

合作是幼儿适应、立足社会不可缺少的重要品质，合作可以帮幼儿拓宽解决问题的途径。当无法通过个人努力完成某个任务时，幼儿可以通过寻求同伴、老师、家长或社会人员的帮助或与他们合作，寻找相关资源来完成自己的目标。这需要幼儿思考什么样的资源是自己需要的，思考如何与合作伙伴进行沟通、协商，如何进行任务分配，协调矛盾。在接纳自我、敢于表达的基础上，认真聆听他人想法才能有合作的可能。

案例：会教人跳舞的“小先生”

大一班的辰辰想在毕业典礼上表演自己最喜欢的舞蹈《冰雪奇缘》，于是她主动招募演员与她同台演出。为了让伙伴都学会舞蹈动作，辰辰回家后主动找妈妈帮忙，寻找背景音乐，共同拍摄舞蹈示范视频。在个别化学习时间，辰辰主动拿着带有舞蹈视频的平板电脑带领小朋友们进行排练。可是排练并没想象中顺利，伙伴们总是记错动作，节奏也跟不上。遇到困难，辰辰也没有气馁，而是放慢教的速度，分解动作，一次次耐心地示范，

鼓励同伴想象自己就是舞蹈里的主人公，感受不同的舞蹈动作，帮助大家记住动作。辰辰在真实兴趣的驱动下，整合多方面资源，尝试亲子合作和小组合作，最后才得以成功完成了这场舞蹈表演，“小先生制”在同伴合作中有了新的实践演绎。

二、教师在评价中的提升

课程的实践既依托于教师的专业能力，同时也为教师的专业发展提供了基本场域和机会。近三年，教师结合《“做中学”幼儿行为观察指引》，记录和积累幼儿发展案例 174 篇，其中经典案例 36 篇，课程故事 28 篇；教师个人申报市、区级相关课题 5 项，发表论文 7 篇，课题相关论文获奖 19 篇……更重要的是，在这个过程中，教师在引领幼儿发展、指导家庭教育等几个专业维度都有了大幅提升。

（一）自信做幼儿发展的引导者与支持者

幼儿的学习是在关系的情境中发生发展的，教师在儿童的生活中具有重要影响，与成人的反应性与支持性互动对幼儿的发展至关重要。通过指引的使用，教师对幼儿的“三性”发展可以有更专业、更精准的判断，结合幼儿园各项教研活动，园所梳理出了与幼儿“做中学”新五步骤相匹配的“师幼一起学”模式。其中五步骤并不完全按照时间顺序，根据活动的类型及各班活动进展不同阶段顺序可调整或多次循环。模式中 5 个内容概括了幼儿在“做中学”新五步骤中要做的事情，外圈代表教师相应的支持策略。“师幼一起学”模式旨在增强师幼之间的对话。活动中，教师充分关注幼儿的经验和兴趣，满足幼儿的真实需要，激发幼儿的内在力量，鼓励幼儿的主动探索和多元表达，实现师幼共同成长并不断完善课程。

图 19　“师幼一起学”模式

（二）自信做家长育儿的合作者与指导者

《“做中学”幼儿观察指引》不仅是一个评价工具，更是家长和幼儿园教师之间的桥梁。它能够帮助教师更系统地记录和分析每个幼儿的发展情况，为后续的个性化教育提供有力支持。同时，通过观察指引，教师还能更有针对性地与家长沟通，指导家长如何在家庭中延续和拓展幼儿园的教育内容，形成家园共育的良好局面。在幼儿园每个月的《“乐·活”幼儿家长观察评价指引》中，我们会列出一些《“做中学”幼儿观察指引》中的内容，为家长提供参考。

不同的家庭结构、家庭背景、家庭成员的角色性格、亲子关系类型，赋予每个家庭教育的独特性。我园的“乐·活”24 事项目组结合需要家长大量参与的 16 个浸润式活动进行滚动研究，提炼“亲子一起学”模式，明确“共识”“共行”“共进”和“共情”四个关键点和与之相匹配的亲子操作要点及教师支持策略、实施要点等，以便“亲子一起学”能够落地并推广。

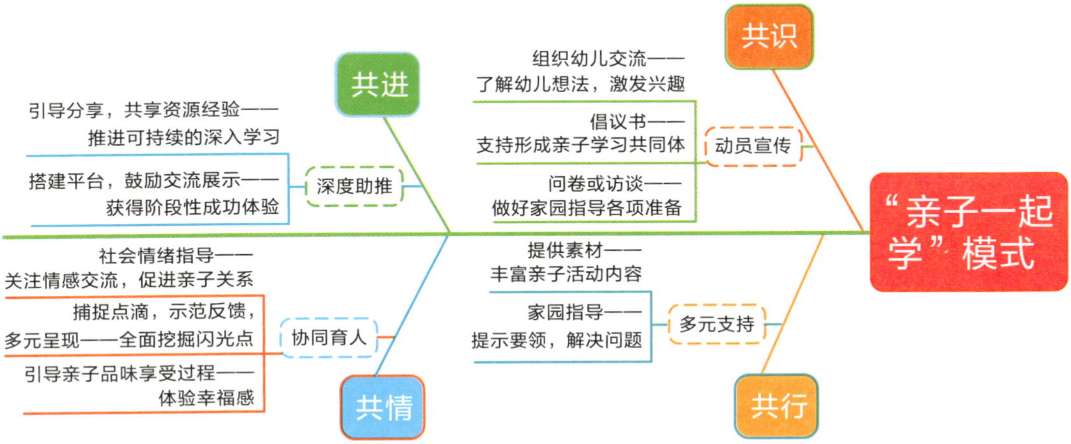

图 20 "亲子一起学"模式鱼骨图（家园合作版）

三、评价带来的课程发展

（一）"乐·活"教育课程资源的持续优化

《"做中学"幼儿观察指引》的使用以及"大自然、大社会都是活教材"课程论的深入践行，促使我们不断挖掘园内外课程资源，构建家、园、社会（区）三位一体的教育生态，实现了园外三公里课程资源与幼儿园活动的有效转换。

在探究活动实施过程中，我们鼓励教师通过观察指引分析幼儿的发展水平，为幼儿的个性化发展需求提供支持，确保每个幼儿在探究的历程中都有真实完整的多元体验、充分自由的表达机会、饶有兴趣的尝试挑战、尽情思考的创造空间。由此，对于资源的开发与梳理就尤为重要。我们通过对幼儿园周边资源的挖掘和梳理，形成了愚园路第一幼儿园资源地图。

为了让幼儿拥有更高品质、更多元的体验，更丰富的活动经历，老师们并不局限于园内资源的使用，为幼儿充分调动社区、社会资源，将这些资源转化为符合幼儿学习方式和特点、能为我们所用的有效教育资源。在园外，我们鼓励爸爸妈妈和孩子一起走向专业的科普场馆、艺术场馆；在园内，我们充分利用幼儿园的园所环境和场地开展各种活动。

（二）“乐·活”教育课程实施的创生实践

我们相信幼儿是有能力的学习者，幼儿学习方式转变带来的其中一个变化是幼儿更加自主、更有探究精神，课程在教师预设与幼儿生成中不断激发出更多的活力。

如在“我们的城市”主题中，幼儿通过自己的观察发现城市建设的智慧，同时萌发解决现存“问题”的愿望。幼儿通过实地探访、资料收集等方式获取关于城市现状的相关经验，又将这些经验迁移转化，应用到对城市未来建设的想象与创造之中，迸发出许多“金点子”——结合城市现有交通模式，制作出“不堵车的四层马路”模型，尝试解决生活中观察到的堵车问题；通过对地下商场、车库等城市地下设施的考察，并基于对城市地下空间优势与不足的认知，创意频出地设计出了地下花园、地下实验室、地下游乐场等更适宜地下的若干场所模型。

幼儿在探究活动中，通过反复经历新五步骤，在探究前制订计划、确定分工，在探究中收集资料、记录和解决问题，在探究后回顾反思、听取多元评价，从而不断丰富和拓展主题经验、发展合作性、促进发现并解决问题的意愿和能力，逐步成为主动的学习者。

展望未来，我们深知幼儿发展评价在学前教育中的重要性将日益凸显。在未来的工作中，我们将保持前瞻性的视角，不断深化对幼儿发展规律的理解，持续优化和完善观察指引。我们的目标是让这份观察指引更加精准、科学，更好地服务幼儿教育的实践与发展。

随着教育理念的不断更新和科技的不断进步，我们将积极探索新的评价方法和工具，以更全面、更细致、更动态的方式记录和分析幼儿的发展过程。同时，我们也将注重评价的个性化和差异化，确保每名幼儿都能得到与其特点和发展需求相匹配的评价和支持。

此外，我们将更加注重评价与教育的融合，使评价过程成为促进幼儿发展的重要环节，而非简单的结果呈现。我们期望通过评价，不仅能够了解幼儿当前的发展水平，更能为他们未来的学习和发展提供有针对性的指导和建议。

总之，幼儿发展评价是一项长期而艰巨的任务，我们将以不懈的努力和持续的创新，推动学前教育的质量不断提升。

第五章

理想管理的尝试

“人生百年，立于幼学”。

作为陈鹤琴教育思想研究基地园，“保育民族幼苗”是愚一人的责任担当。建园八十五载，我们不断践行陈鹤琴“活教育”思想，常试常新，逐步形成了“乐·活”教育思想体系。

“乐·活”教育传承发展“活教育”思想，从“以儿童为中心”转向“以儿童发展为中心”。我们不断深化对办园理念“乐童年·活教育”内涵的解读，并基于本园实践逐步生长出“创造一个适合儿童完整成长的生活乐园”的课程理念，最大程度地实现教育个性化。应对当前社会发展要求，关注幼儿学习方式变革，开展过程性评价，支持幼儿完整成长。

支持幼儿完整成长，需要“尊重、支持每一个个体成长”的教育管理理念，赋权教师，赋权儿童。“乐·活”教育相信幼儿有自己的生活意愿、能够解决真实的问题，尊重他们独特情感需要和认知特点，重视童年生活的价值，支持他们在生活中、游戏中养成一种健康的生活方式。“乐·活”教育相信教师具有陈鹤琴先生提出的“科学的头脑，慈母的心肠”，尊重他们的专业兴趣和个体优势，重视实践研究的价值，支持他们在研究中、实践中成长为专家型教师。

何为理想的管理？不同的人会有不同理解，在不同情境下也会有不同的解读。本章阐述的理想管理便是在“乐·活”教育理念引领下开展的教育管理实践创新。它不仅思考如何用好一切资源以实现发展目标（提高幼儿园教育质量、推进集团化办园），也关注个体成长（幼儿完整成长、教师专业成长）。为此，本章将围绕“‘尊重、支持每一个个体成长’创新管理实践”开展讨论，从生活细微处入手，循序优化每一个实践环节，不断扩大受众范围，让幼儿园真正成为师幼共同成长的生活乐园。

第一节 尊重支持每一个个体成长的理想管理

作为上海市首批示范性幼儿园，愚一幼儿园初心不改，实践不断，让愚一成为一所充满活力又兼具文化底蕴的幼儿园。我们顺应每个时代对教育的召唤，坚守学前教育的高质量标准，在实践与创新中实现高质量学前教育。我们以“乐·活”办园理念引领教育管理实践，传承与发展陈鹤琴管理思想，引入现代管理方法，探索实现个体成长的理想管理。在“乐·活”幼儿园中，幼儿体验生活更自主，在生活中乐己、乐人、活健、活泼，获得成就感；支持教师工作更自主，进而能够在工作中乐思、乐享、活跃、活力，获得价值感；引导家长育儿更科学，进而能够在亲子关系中乐思考、乐启发、活陪伴、活实践，获得参与感。

一、明思想：乐童年·活教育

在高大、碧翠的梧桐掩映下，一所面积不大、但理想很大的幼儿园在这里悄悄地绽放。这里有一群可爱的老师和孩子们，每一天都发生着成长的故事，也继承着“保护民族幼苗”的使命。

“乐童年·活教育”是愚一幼儿园的办园理念。乐童年即乐享童年，把游戏精神作为幼儿园课程建设的基石，保障幼儿能够自主地生活、幸福成长；“活教育”即活水育人，办“乐·活”校园，以开放的视野思考教育。把“童年”放在“教育”之前，是我们对学前教育深刻的理解，教育不应该是纯粹地为后来生活做准备，它应该是使儿童的每个生活的当下具有全部意义。对幼儿园来说，教育就是遵循幼儿身心发展规律和需要，支持幼儿体验快乐有趣的童年。

在漫长发展历程中，一代又一代的愚一人用自己的教育行为演绎着“一切为了孩子，为了孩子的一切，为了一切孩子”。今天，我们形成了以“乐童年·活教育”为核心的“乐·活”文化体系，逐步树立起属于愚一人的儿童观、教育观和课程观，这是愚一使命和文化传承的实践基点。

（一）儿童观：幼儿有自己的生活意愿，能够解决真实的问题

尊重幼儿的年龄特点，而不是将教育等同于改变儿童的现有状态。教育的首要条件就是未成熟状态，所以，教育者要辨别、珍视幼儿的未成熟状态，尊重幼儿的发展规律，善于激发幼儿的兴趣和意愿。而不是将幼儿年龄特点看作其不成熟、不完善、急需纠正或改变的内容。

尊重幼儿的情感体验、内心想法，承认儿童和成人一样拥有完整的精神世界。只有了解儿童丰富的内心世界，才能创造出适合幼儿完整成长的乐园。他们想怎样生活、有什么意愿、经历体验什么，都是我们幼儿园优化管理和完善教育过程的重要依据。

相信幼儿是有能力的，支持幼儿自主地学习和生活。支持幼儿或独自摸索或合作探究，在生活情境或是游戏情境中解决真实问题。“凡是儿童能做的，让儿童自己去做。”

我们的儿童观简而言之就是尊重幼儿、相信幼儿，相信他们有独立的精神世界，能够自主地生活。

（二）教育观：拥有健康永续的生活方式

幼儿园的教育来源于生活，而教育的最终目的是更好地生活。生活是教育的源头，也是教育发生的地方。在幼儿园，幼儿过怎样的生活便是接受怎样的教育。

在幼儿园，幼儿所要获得的最关键的经验不是如何获取具体知识，而是养成健康的生活方式。幼儿园生活是自主的，幼儿能自尊自信，相信自己可以做成一些力所能及的事情，获得自我效能感；幼儿园生活是充满童趣的，幼儿能一直保有好

奇心，对周围的人、事、物充满好奇，以探究的精神与这个世界相处，愿意善待身边的花鸟虫鱼。童心宝贵，健康生活需要有一颗不变的童心，愿意与这个世界和谐相处。

幼儿园教育融于这种生活之中，幼儿在这里生活所习得的是一种生活方式，这会对幼儿一生成长都有潜在的影响，那些镌刻在生命中的生活习惯、文化感悟、探究意识会在未来时刻伴随着他们，成为他们一生追求的价值基点。

（三）课程观：教学游戏化；做中学，做中教，做中求进步

教学游戏化是对幼儿年龄特点、教育方式最科学的表达。每一代愚一人都会依据当下社会发展要求、幼儿背后的家庭文化诉求，从大自然、大社会中汲取营养丰富课程内容， 游戏精神蕴藏于幼儿园课程建设的方方面面。

课程是具有时代性的，它必须不断地更新迭代。现在，我们更关注已有课程方案的创造性实施，使课程内容具有生成性。师生共同行权让课程实施具有灵活性，满足幼儿个性化发展需要。“乐·活”课程没有“完成时”，只有“进行时”，课程实施过程是师幼共创的过程，教师和幼儿在“做”的过程中学习、互动，实现个体成长的。我们将“做中学，做中教，做中求进步”理念运用于课程建设之中，课程实施过程是教师教的过程，也是幼儿学的过程，还是幼儿教、教师学的过程。以幼儿为师，是我们对“做中学”更深刻的演绎。

二、铸愿景：创造师幼共同成长的生活乐园

教育是实现价值的过程，对于愚一幼儿园来说，所要追求的价值就是支持儿童完整成长。在这里，孩子们的童年是快乐且有意义的，我们和孩子一起共创的美好生活乐园，立足幼儿生活、源于幼儿经验、尊重幼儿兴趣开展持续蔓延生长的课程实施。

在这里，我们能慢下脚步看到孩子们的天真烂漫；我们能静下心来听到彼此的发展需求；我们能敞开胸怀，让更多的人加入“保护民族幼苗”的队伍中。我们给教师们适宜的专业发展支持系统，赋权教师“做中学”；我们以“乐童年·活教育”

为核心的精神文化吸引更多优秀的人加入愚一，吸引更多家长愿意参与幼儿园的活动，为支持个体成长而紧密协作，全力以赴。

在愚一幼儿园，我们达成一种基本价值：尊重、支持每一个个体成长，创造师幼共同成长的生活乐园。因为我们相信每一个孩子、每一位教师都有自己独特的天赋与成长节律，关注个体内在需求与感受，支持个体的发展需要，让成长由内而外地发生。

愚一想要给孩子的乐园，不仅是安全的，充满爱的，还是允许他们自主探索、好奇发问的，像尊重成人一样对待孩子的意见和想法，因为“乐·活”教育所要实现的是幼儿心灵的自由生长。愚一要给教师的乐园，不仅是有尊重和归属的，还是支持他们发表自己专业见解、发展自己专业特长的。

在师幼共同生活的乐园中，“乐·活”文化不断生长，凝聚更多年轻教师的心，鼓励更多教师、家长投入幼儿园教育工作之中；“乐·活”课程不断丰满，关注每一个幼儿的发展，三种“一起学”模式将家、园、社区（会）资源有机整合，支持幼儿完整成长；“乐·活”教师队伍不断壮大，持续培养骨干教师，辐射引领集团内其他幼儿园，实现教育公平、优质发展；“乐·活”管理不断尝试微创新，放权、赋能教师，培养团队领导力，为幼儿园持续发展提供组织保障。

三、建模式：尊重支持每一个个体成长

“儿童”“生活”“创新”始终是愚一幼儿园高质量发展的关键词，不变的是教育初心和研究精神，变化的是丰富的校园文化、生动的课程实践和不断成长的教师队伍。

学前教育的任务是促进幼儿全面发展，教育管理的任务是保障幼儿在教育过程中充分享受其发展的权利，支持教师在教育过程中充分发挥其专业自主。理想的管理是与其教育理念相得益彰的，理想的管理也是直面现实问题的，我们必须清楚地知道幼儿园正面临哪些挑战以及该如何应对。

因此，作为一所老牌示范幼儿园，愚一幼儿园要在高原上建高峰，更好地发挥

示范引领作用，面临诸多挑战。

如何保证分散的园部之间保持理念共振、行动协同、成果共享？一园三址相对分散的格局，不同园部的教师要保持紧密联系，能在理念上达成共识、行动上保持协同，灵活机动地落实各项发展任务，创新性地解决实际问题，这对管理者提出了更高要求。

如何在不断“输血”的同时保持自身活力？愚一幼儿园建园至今，不断向姐妹园、区教育学院等输出优秀人才，包括园长、区教研员等。这对愚一幼儿园来说，既是荣耀，也是挑战。如何在输出人才后仍能保证自身团队专业能力不断精进，这也是管理者一直要面对的问题。

如何确保课程不断迭代优化支持幼儿完整成长？要促进儿童发展便要不断适应当下社会发展需要，展望未来社会发展趋势，课程是联结现在与未来的。愚一幼儿园的管理和教师团队达成课程建设共识，就是要在不断创新中发展更适宜的课程，让课程实施过程成为幼儿完整成长的过程，是幼儿真实快乐生活的过程，让幼儿园成为幼儿成长的乐园。

面对一系列的挑战，愚一幼儿园需要建构一种管理模式，支持团队自我驱动、自主选择、自立创新，让大家知道为什么而管理，管理什么，怎么管理，以及自己在不同管理过程中应该承担怎样的角色和责任。

（一）管理理念：尊重支持每一个个体成长

尊重支持每一个个体成长是发生在教育领域之中的管理，有两层含义，一是尊重个体能力水平、情感需要，为了教育过程更有效而管理；二是管理具有教育功能，它不仅要实现组织目标，更关注支持每一个个体成长。

简而言之，愚一幼儿园管理的最终目标是尊重支持每一个个体成长，“创造一个适合儿童完整成长的生活乐园”。

（二）管理内驱：自我驱动、自主选择、自立创新

基于尊重的管理是管理者躬身入局，以问题意识为先导，在不断解决问题的过

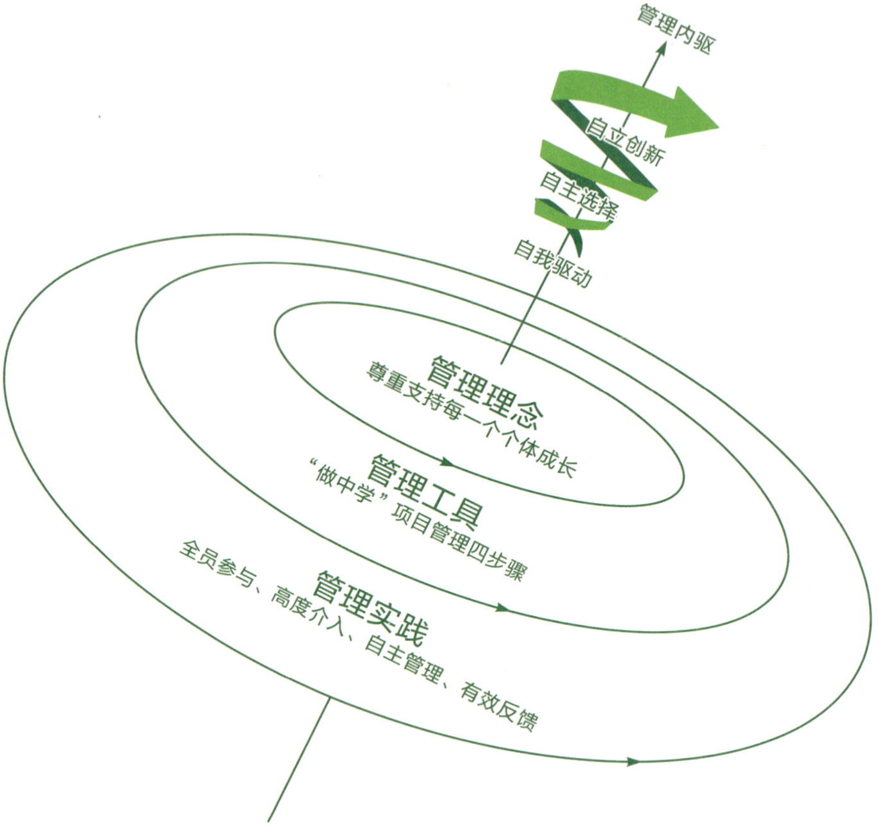

图 21　愚一管理模式共识图

程中逐步明晰管理思路，总结经验，形成模式，潜移默化地影响每个人，支持每一个个体发展。

基于尊重的管理是懂得赋权的，管理者充分听取意见、给予支持，每一个人的想法和感受都能得到尊重，并在达成共识的基础上进行自主选择。

基于尊重的管理是鼓励创新的，每一个人都可以用一种创新思维看待问题，创造性地解决问题。

1. 自我驱动

激励个体，给予其充足的安全感，使其具有内在驱动力，可以乐观积极主动地开展项目。

2. 自主选择

尊重个体，给予其充分的自主权，使其具有主观能动性，可以自己选择想要做的项目。

3. 自立创新

欣赏个体，给予其充沛的行动权，使其具有跨界的创新力，可以打破常规突破瓶颈创造性地开展项目。

（三）管理工具："做中学"项目管理四步骤

我们将陈鹤琴先生"做中学"思想融于愚一项目管理园本化实践之中，形成"做中学"项目管理四步骤。

项目管理是现代管理的重要成果，重视个体价值，强调在管理中尊重人的情感、需求和发展，以促进个体发展来实现组织目标，激发个体内在动力，鼓励团队协作。我们引入项目管理这一工具，并结合陈鹤琴"做中学，做中教，做中求进步"思想，园本化运用这一管理工具，鼓励全园师生发现问题、提出质疑，具有主人翁精神；基于现实、针对问题，组建项目组，制订计划，在沟通合作、实践研究中解决问题；梳理经验并在全园及愚一幼教集团内进行成果展示和经验分享。项目管理不仅可以作为锻炼管理团队、提升团队领导力的工具，也可以为辐射引领周边姐妹园提供制度保障、资源支持和组织保障。

第二节　指向“个体成长”的管理实践创新

“尊重、支持每一个个体成长”的管理是从行政管理转向教育管理，从组织管理转向文化管理，个体的需求、情感、发展成为管理的首要任务。即管理要以尊重“每一个”为基础，支持“每一个”为行动，发展“每一个”为目的。

一、管理创新：从立事到成人，实现理想的教育

（一）愚一经验：“做中学”人人实现个体成长

项目管理在园本化实践中不断优化，形成“做中学”项目管理四步骤，将“人”置于管理的中心位置，以学习者、教育者、评价者角色定位，设计“发起、立项、实施、展示”四个环节。

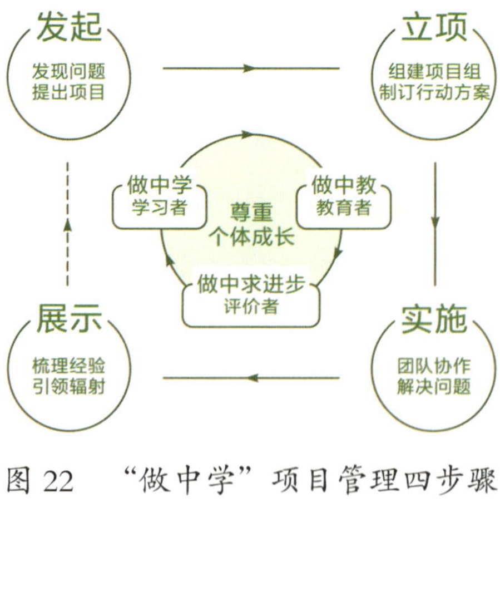

图 22　“做中学”项目管理四步骤

1. 发起

提出有价值的问题，是项目管理的第一步。每一个项目源于某个问题，这个问题可以是幼儿园发展的瓶颈问题，可以是教师提出来的关键问题，也可以是家长甚至是幼儿提出来的有价值的问题。经过民主讨论，明确问题，确立针对这一问题的项目。

2. 立项

让有意愿、有能力的人一起去解决问题，创造更多可能性。在明确了问题之后，便需要有“关键人物”和团队去探索解决问题的路径。我们采取团队投票与个体自荐相结合的方式，确定项目领衔人、组建项目组，项目组内成员的参与既需要本人积极主动加入，也需要得到其他成员的认同，由此组成一个彼此信任、互相协作的团队，个体在团队里既能得到专业支持，也会获得价值认可和情感支持。

3. 实施

当一个项目组开始致力于解决他们所设立的目标时，会遇到许多困难。幼儿园每月一次的项目交流成为他们可以寻求帮助的平台。项目组可以借由园所的力量寻求专家、社会专业人士的帮助，去解决一些技术上或是资源上的困难。充分保障团队既有自我驱动的内在动力，也有自我选择、自立创新的外部支持。

4. 展示

“大胆创新，品质卓越”成为愚一人的价值标准。“做”是行动，是思考，是创造。项目管理不仅确保团队完成一件事情，也不仅解决当下的问题，它更敦促处在其中的人去行动，去思考，去创造，为高质量的学前教育发展提供了陈鹤琴教育思想实践的新经验，形成了鲜活的愚一案例。

“做中学”项目管理四阶段管理工具不仅关注组织目标的达成，也关注个体的发展。据此，我们进一步思考，每一个项目就是一件我们想要完成的事情，每一件事情的完成都需要有人去“做”，人在做事情的过程中去学习、去反思、去自我教育、去实现自己的发展。做事情的人可以是一个人，也可以是很多人，他们需要彼此理解、互相协作。项目管理是一群人自主自觉地“做中学，做中教，做中求进步”，人不再是完成某件事、某个目标的工具的存在，而是想要完成某件事、某个目标的主体存在，他们可以是积极的学习者、智慧的教育者，还可以是主动的评价者。

由最初的简单引入使用到逐渐园本化实践，愚一幼儿园形成了“做中学”项目管理四步骤这一工具，这既为我们思考构建理想管理模式提供实践参考，也为我们开展幼儿园重大项目提供管理支持。

（二）实践运用：建立流程机制，实现项目过程管理

如何基于发展目标来激励团队更持续地、积极主动地参与课程实践，而不仅仅是专注于展示精彩的成果，实现从管理结果转向管理过程？以幼儿园龙头课题启动为例，我们将项目分为目标确立、过程管理、成效考核三个阶段，以实现项目的过程管理。

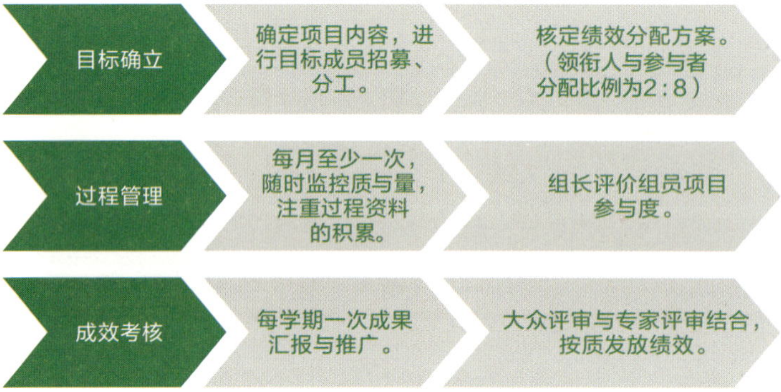

图 23　项目管理流程机制

1.“目标确立”阶段

经过课程领导小组的多次讨论，我们将幼儿园龙头课题“以幼儿学习方式转变为核心的课程优化实践研究”按研究内容分为三个子项目。

（1）以上海市学校德育“德尚”项目课题“以幼儿为主导的节庆活动设计与实施的探索研究”为基础，聚焦“乐·活”16 节再研究。

（2）以区创新团队为基础的幼儿园“乐·活”24 事再研究。

（3）开展优化主题实施个别化学习实践研究。

课程领导小组邀约每个子项目的领衔人完成项目立项书，并在教工大会上进行

了项目解读，教师自主选择报名，参与积极性空前高涨，报名率高达93%。人气的快速聚集反映了教师对项目管理制度的认可。

2. “过程管理”阶段

按项目管理制度要求，每月一次项目推进会，帮助项目负责人梳理项目实施的过程性成效，解决一些操作层面的问题。

3. “成效考核”阶段

期末成果汇报，以汇报会、现场答辩、过程性资料展示等方式进行。幼儿园成立由党支部、项目领衔人和园聘任委员会代表，以及外请专家组成的项目评估小组，通过问卷、群众评议等多种形式，交流分享项目推进中的方法、策略、经验和有待改进的问题，并根据评审结果给予绩效奖励。

课题研究经历五个学期，在项目管理的支持下形成了大量研究成果，为课题结题工作提供了扎实的理论研究成果和鲜活的实践案例。以幼儿园龙头课题为导向的项目管理，促使我们形成了一系列与之配套的项目考核指标和奖励方案。

（三）形成机制：鼓励多方参与，完善项目管理制度

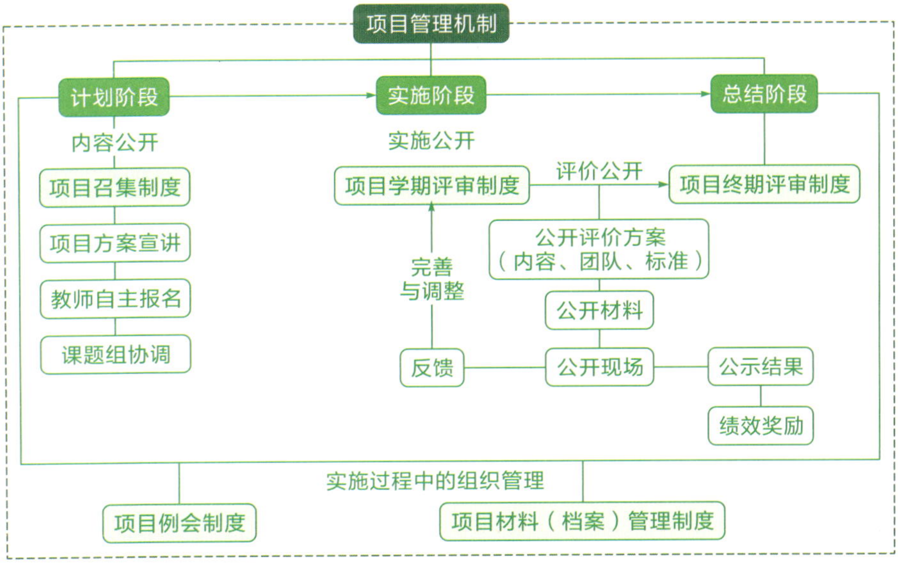

图24 项目管理机制

教师全员参与、高度介入、自主管理、有效反馈的管理实践闭环，让我们看到了项目管理的价值。同时，在运用项目管理的过程中，项目组成员梳理经验，完善项目管理制度。

项目管理制度不断完善，如上图所示，形成了项目召集制度、项目例会制度、项目材料（档案）管理制度等，推动项目有序开展。每学期，课题组会预先启动龙头课题会，对阶段性研究目标及任务进行沟通，为子项目计划的制订提供依据；学期末，预先制订“项目组评审方案”，结合成果现场汇报、档案资料查阅、专家答辩等不同环节进行学期项目评审。

项目管理制度已经成为幼儿园行之有效的学校管理制度之一。由此，我们延伸出非课题研究的工作项目，如由工会牵头的校园文化环境创设项目组，以微信公众号、视频号为中心的宣传项目；“开放式阅读”研究项目组等。这些项目组的成立有效解决了幼儿园发展过程中的阶段性难点、痛点。

二、课程建设：化跟随为自主，支持幼儿完整成长

对愚一幼儿园来说，课程建设始终是理想管理实践的主阵地。课程能不断迭代更新，是满足幼儿个性化发展需要的关键，也是促进教师队伍保持研究精神的重要举措。愚一“乐·活”课程始终走在课程改革的前沿，从20世纪60年代的分科教学到80年代的综合性主题教育，再到今天的以“儿童发展为中心”的探究活动，愚一团队对于课程实践研究未曾懈怠。课程实施的难点在于如何激励教师更好地发现幼儿的发展需要，让课程实施获得最优解。

（一）新命题：赋权教师三级自主，提升课程生命力

随着对课程理念的重构与解读，我们形成了一个基本假设：有自主的教师，才会有自主的儿童，赋予教师研究的、实践的自主权，便是保障幼儿享受发展的自主权。因此，我们对团队课程实施自主性提出更高要求，在课程实践研究中不断提升教师的课程领导力。

我们在团队中发起了“如果要让幼儿获得个性化的支持，你的课程想怎么做”

和“课程领导力是属于谁的，如何保证课程实施自主性、教师课程实践的自主性”等相关话题。在讨论伊始，老师们大都表示已有课程安排已然全面，没有自己实施的空间，也有教师表示幼儿园的活动安排有详细的要求，他们没有权限去创新等。这显示了教师认同活动需要贴近儿童生活，但目前课程管理无法保障课程实施的自主性。

我们及时发现幼儿园课程建设的问题及需要，建立“园级、年级、班级”三级课程管理机制，赋权教师，给予他们充分的自主，鼓励每一位教师都能成为课程内容的建设者和实施者，有足够的空间自主创生课程内容，尽可能让幼儿的声音和想法都能被听见、被理解，触达每一个幼儿的兴趣，保障每一个幼儿的话语权、自主权、选择权，支持幼儿完整成长。

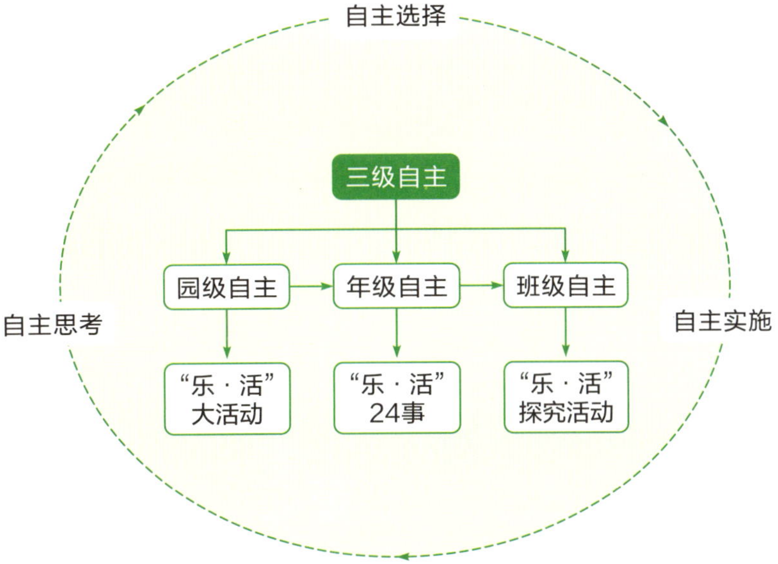

图 25　三级自主课程管理机制图

园级自主：每学期以园部为单位，根据不同周边资源以及不同年龄段幼儿的特点与需求，以不同方式在同一阶段开展“乐·活”大活动。

年级自主：每学期以各年级组为单位，由教研组讨论，采用必选与自选相结合的方式自主开展“乐·活”24事活动。

班级自主：每学期根据班级课程实施计划，以班级为单位根据幼儿兴趣及需求自主实施“乐·活”探究活动，凸显班级活动的个性化实施。

三级自主的课程管理机制为教师的自主思考提供了充分的空间，教师给予幼儿更多的课程参与权，让课程实施建立在幼儿的需要与发展基础上，并共同“行权”、创生实践，源源不断地丰富与更新课程内容与资源。

（二）新征程：变革幼儿学习方式，创造儿童生活乐园

在教育部、上海市颁布的新的有关幼儿园保教质量的政策文件中，幼儿园课程实施更加关注生成性，课程评价更加关注过程性，以期更好地满足幼儿个性化发展需要。这也成为我们愚一幼儿园课程迭代创新的重要目标。

一方面，团队从理念引领入手，深刻解读“以儿童发展为本”“幼儿发展优先”等理念，更新教师教育理念，从教师视角转向儿童视角，从如何教转向如何学，明确课程实施过程是“教”与“学”并存的。由此，幼儿成为课程变革的主角，研究“幼儿学习方式”成为课程优化的新思路。我们从关注教师预设走向关注幼儿经验习得，为幼儿提供充分的与同伴、成人以及环境材料互动的机会，让教育内容源于生活，教育过程融于生活，生活成为幼儿发展的场域，鼓励幼儿主动建构和习得经验，积累面向未来、迎接挑战的能力。

另一方面，团队积极投入到实践之中，让幼儿生活内容更丰富，幼儿生活过程更自主，创造适合幼儿完整成长的生活乐园。我们和幼儿一起融入生活，挖掘幼儿背后的家庭、社区文化资源，创生出更多适宜的课程内容，不断续写《幼儿成长手册》，描摹幼儿成长理想轨迹；和幼儿一起研究，共同探索探究活动五步骤怎么应用到各种活动中，最终形成“做中学”五步骤学习法。教师积极观察分析幼儿的探究学习、自主学习、合作学习会有怎样的行为表现，需要怎样的支持，研制出《“做中学”幼儿行为观察指引》，建构出三个“一起学”模式。

三、文化建设：化无形为有形，滋养每一颗心灵

文化可以是无形的，也可以是充满力量的。愚一幼儿园非常关注其文化对幼儿、教师成长的深刻影响。因此，我们致力于将无形的文化创新地表现出来，内化于心，外化于行，使“乐·活”文化从墙上走下来，真正成为教职工的共同追求，在日常工作生活中得到贯彻，让愚一成为师幼共同生活的乐园。

（一）办园理念

办园理念是幼儿园文化的核心，也是最为抽象和深刻的，需要通过多种形式，促进大家达成理念共识。因此，我们开展了理念思想共创：重构办园理念“乐童年·活教育”内涵，开展“教师眼中的办园理念”“办园理念在哪里”等专题活动，或以文化漫谈的形式及“乐·活”探究活动的形式，进行办园理念内涵解读，将办园理念进行图示化展示、用歌舞表演展示等，将抽象的精神文化外显出来，使之融于幼儿园环境，滋养幼儿、教师的心灵。

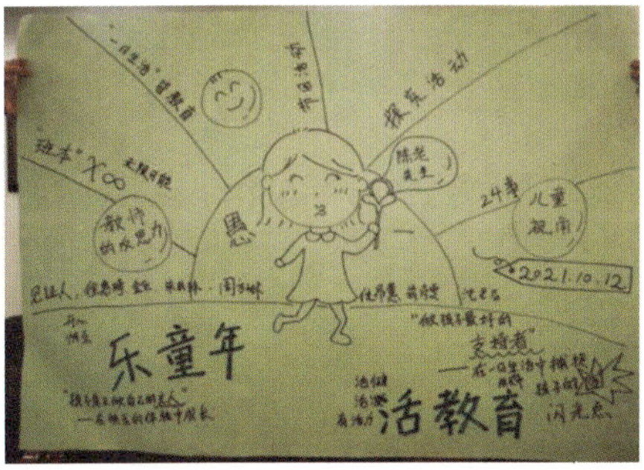

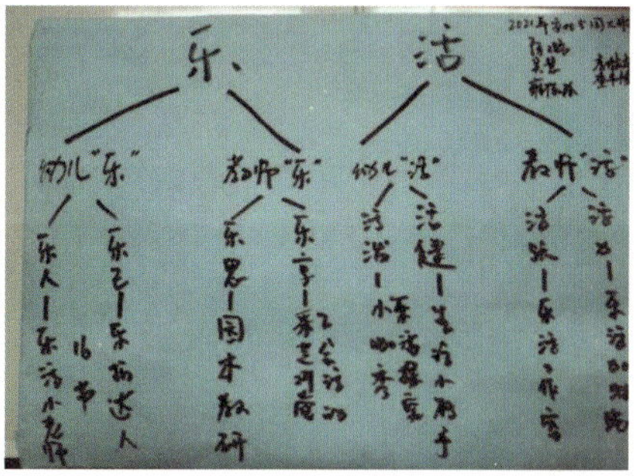

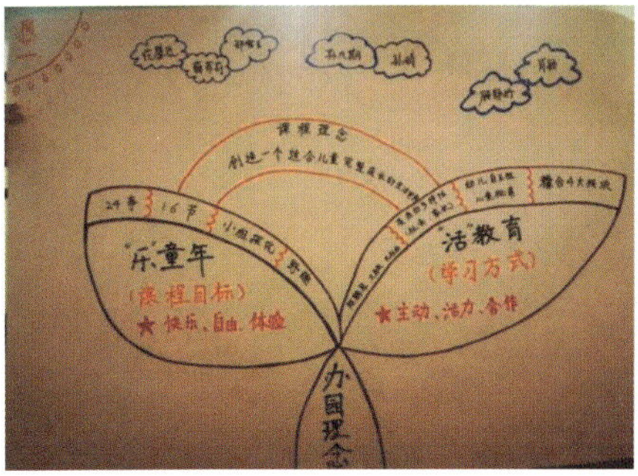

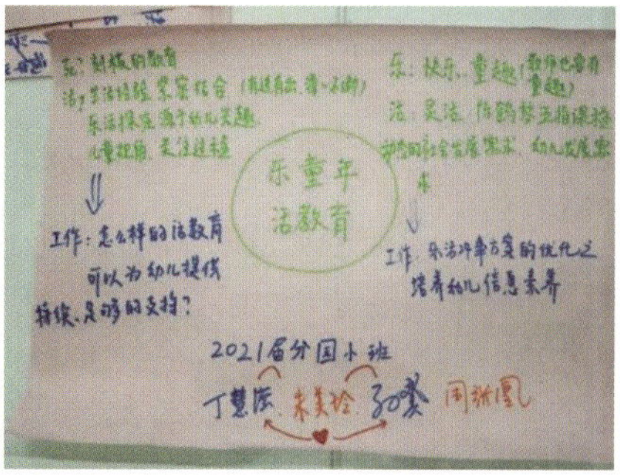

（二）团队文化

团队文化既是精神的，也是行为的，它为队伍建设提供价值引领、行动准则和评价依据。我们通过开展系列实践活动以丰富团队文化内涵，具象团队文化要求，凝聚团队的力量。我们以文化滋养“乐·活”教师为核心命题，开展“乐·活”园风提炼、“乐·活”教师培养目标内涵解读、“乐·活”教师公益行动等活动，形成“活力、奋进、求实、创新”的园风，锻造出“乐思、乐享、活跃、活力”的教师队伍。我们的教师始终坚持：乐思的我们，在不断主动学习，思考积累，力求创新；乐享的我们，和睦融洽，互补分享，求真求实；活跃的我们，在主动沟通中追求进步，奋进前行；活力的我们，热衷公益，乐观向上，充满活力。

同时，我们还形成了愚一“乐·活”教师行为准则：对待孩子，始终保持一颗仁爱之心；对待工作，始终保有活跃的思维；对待家长，始终露出温柔的笑容；对待同事，始终常怀一颗友善之心。

环境是无声的老师，有文化意蕴的环境可以滋养每一颗心灵。教师、幼儿在幼儿园生活的每一天、每一刻都在接受文化环境的影响。同时，他们也是环境的创造者。由教师、幼儿创想、设计文化环境，为了在幼儿园各个角落凸显“乐·活”特质，营造良好的育人环境，将教职工都认同的“乐·活”校园文化从看不见摸不着的精神意识形态转化成可视化的物质形态，创想并设计愚一幼儿园校园文化物质环境。并尝试将“乐·活”教师形象具象化，绘制了“乐·活”教师画像1.0版。全体党员教师也制作了“树品牌、亮身份”的身份卡。

教师尊重幼儿生活意愿，支持幼儿创造适合他们完整成长的环境，充分相信幼儿有解决问题的能力。幼儿园每一处的环境都是属于幼儿的，他们可以自主地利用环境、创设环境，自主地表达自己的感受和想法。

四、队伍建设：化被动为主动，培育内驱生长力

“尊重、支持每一个个体成长”关键在于个性化支持其发展。满足不同发展阶段和各有特长的教师专业发展需求是队伍建设的关键内容。我们明确了“各有所长、

长中出师”的队伍建设目标，即骨干教师数量不断增加，骨干教师队伍追求卓越，逐渐形成不同层级的“名师”，为建设幼儿完整成长的生活乐园提供强有力的专业支撑。

（一）构建指标，以评价促教师自主发展

我们编制了《愚一幼儿园教师分层发展评估指标》，该指标为教师自评提供依据，引导教师关注自己业务能力的同时，也注意自己个人素养及师德培养。鼓励教师发展自己的专业兴趣，逐渐形成自己的专业特长，成为一名有“成长性”的教师。同时，该指标也作为园所评选骨干教师的依据，引导管理团队注意综合考量教师发展，更个性化地评价教师，挖掘每一位教师身上的闪光点，让评价成为发现教师的过程。

（二）建立档案，指导教师撰写个人成长档案

教师依据自身能力及兴趣，在撰写个人成长档案的过程中对照分层发展指标，了解自己的优势和不足，以长促长，有针对性地弥补短板，设定清晰的目标，以目标驱动自己更积极地参与幼儿园课程实践研究、园本研训等各项事务，获得更加明显的专业成长和职业价值感。每学年一次园长（管理团队）与教师的对话，围绕其专业成长点、困惑点进行深入沟通，给予教师认可和鼓励，同时结合每一位教师的特点，给予专业发展建议，促进教师“各有所长”地发展。

（三）搭建平台，支持教师专业自主发展

丰富的培训资源，多元的发展平台，为教师个性化发展提供更多自主选择的空间。先进的理念驱动教师发展，深度实践研究创新教师专业发展路径。愚一幼儿园逐步形成自上而下的教师培养路径，以“市、区领衔—校本推进—骨干引领—团队共学—个人自研”的操作路径，加快师资队伍的建设和骨干教师培养。

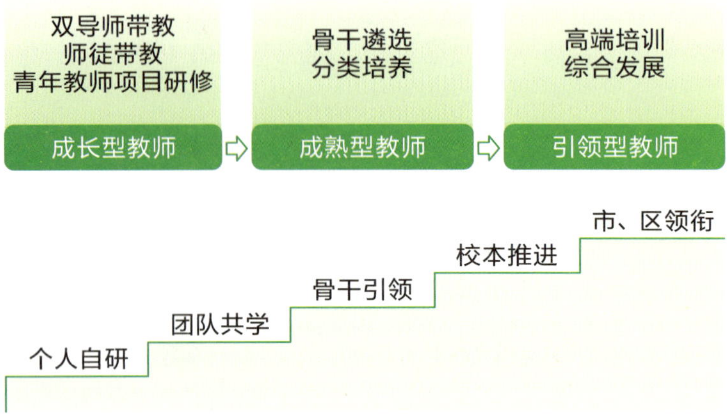

图 26　骨干教师分层培养路径图

1. 成长型教师：双导师带教、师徒带教、青年教师项目研修

幼儿园全力支持教龄 1 年的青年教师参加区见习教师规范化培训，向姐妹园的优秀教师汲取经验。同时，对教龄 3 年以内的青年教师开展师徒带教，园内配备经验丰富的导师，三年一轮完整带教，助推成长型教师教育教学、班级管理、家长工作等全面发展。

支持优秀的成长型教师参加华东师范大学、上海师范大学师训中心组织的 2—5 年优秀青年教师培训项目。推荐优秀的成长型教师为教坛新秀，参加区级项目研修。我园多位青年教师曾获得上海市中小学（幼儿园）见习教师规范化培训基本功大赛一等奖。

2. 成熟型教师：骨干遴选、分类培养

幼儿园通过层层遴选，搭建骨干教师梯队。幼儿园制订《愚园路第一幼儿园骨干教师评选方案》，在教师自主报名的基础上，开展园级骨干教师选拔。幼儿园邀请专家，分园所、分批次组织现场活动观摩、说课、答辩等环节，综合科研素养进行统筹考量，最终确定骨干教师，为新一轮的区级、市级骨干教师甄选提供了备选人才。近三年，1 位教师获得上海市中青年教师评优一等奖；2 位教师获得长宁区“卓越杯”教学评优一等奖。幼儿园形成了目前园级骨干 4 人、区级骨干 15 人、市级骨干4人的骨干教师梯队，接近教师队伍的50%，为幼儿园的可持续发展提供动力。

幼儿园对成熟型教师进行分类培养，鼓励他们个性化发展。我们结合教师个人五年发展规划，搭建“一师一优课”“专项达人评比”等平台，帮助教师找到自身的发展优势。在此基础上，结合幼儿园工作需要，成立项目组，如微信公众号项目组、校园文化项目组、课程项目组、绘本阅读项目组、“乐·活”工作室、研究生沙龙等，为信息素养较好、善于文化宣传、对绘本教学有兴趣、音乐素养较好、研究型教师等有不同兴趣、特长的教师提供分类培养和团队共学的平台。园方打造的多样化发展渠道，有效支持了教师发挥长处，各得其所。

3. 引领型教师：高端培训、综合发展

首先，幼儿园支持引领型教师参加上海市攻关计划、上海市教委中心组，长宁区“种子计划”、卓越教师培训等，在名师的带教下取得更长足的进步。

其次，幼儿园鼓励引领型教师在区级、园级层面切实发挥引领作用。近五年，幼儿园6位教师被评为长宁区学科带头人，成为长宁区拥有学科带头人最多的幼儿园。她们带领姐妹园的教坛新秀、教学能手开展科研素养、集体教学活动、生活活动、科学活动等项目研究。幼儿园先后有2位教师领衔长宁区教育系统创新团队项目研究，带领园内教师和姐妹园教师开展创新项目研究。

最后，幼儿园还着力搭建平台，培养干部梯队。以“人岗相宜、用当其时、人尽其才”为目标，着眼长远发展和现实需要，加大源头建设力度，努力做大年轻干部总量，明确教育管理的专业属性，开展干部递进培养。近五年，幼儿园提拔小教研组长3人、大教研组长2人、副园长2人。

第三节　面向未来的管理展望

学前教育现代化是面向未来的，优质、普惠且富有创造力的。我们身处其中，理应全力以赴。儿童是属于未来的，他们所要面对的社会发展要求是更富有合作精神与创造能力，是更具有民族文化认同与开阔的国际视野。

于愚一幼儿园而言，面向未来的管理应该正如陈鹤琴先生所践行的“以研究学术精神来办理教育行政”，时刻保持自我更新能力，这不仅需要有研究创新的勇气，也需要有实践探索的精神，还需要有资源整合的能力。因此，我们以三个“化”来表达对于未来发展的期许与持续实践创新的愿景。

信息数智化是将迅速发展的技术运用于幼儿园教育活动之中，帮助教师、幼儿积极参与技术运用，让教育资源更开放，教育过程更多元，教育结果更有效。

集团集约化，优化资源配置是实现学前教育公平普惠的重要举措，也是示范园主动承担社会责任、更深度地影响区域学前教育质量的重要途径。

管理人文化是学前教育实现内涵式发展的基本要求。当园舍设备等外在条件不再是评价幼儿园教育质量的最关键因素，幼儿园教育中的人际互动得到更多关注，幼儿与教师、幼儿与幼儿、幼儿与家长之间能否真的平等对话，幼儿的需求、精神世界能否得到充分尊重、理解，这些都有赖于管理人文化程度。

一、信息数智化：技术赋能让教育更高效便捷

所谓信息数智化是大数据、人工智能、数字技术等的融合发展。长宁区作为上

海市首个教育数字化转型实验区，提前进入了面向未来的智慧教育生态。我们利用互联网、大数据和人工智能等技术，尝试建设幼儿园教育管理数字基座、搭建幼儿园园本化教学应用场景底座、建立个性化学生气质画像档案等。

未来，我们将把信息数智技术深入教育教学管理的每一个环节，确保其有效性和适应性，以便支持幼儿更加自主、合作、探索地学，让教师自驱、自主、自立，创造性地实施课程，支持幼儿完整成长。

（一）共建资源增效能——建立园级课程云

我们将围绕陈鹤琴教育思想，秉承“乐·活”教育理念完善课程云端建设。

以课程教学资源库为核心，在教育过程中运用信息技术、人工智能技术，使得更多优质教育资源可以共享，运用图片、视频以及多媒体课件等信息数智技术手段，构建网上课程共享系统；全面提升课程实施质量和教师职业素质。“乐·活”课程优质资源对集团内幼儿园开放，随着课程资源进一步拓展实践，具有更大范围的适应性，课程实践成果辐射至全区，起到示范带头作用。

（二）保教评估重过程——评价数字画像化

在开展保教质量评估的过程中，与评价标准同样重要的是评估方式，评估方式不但会直接影响评估质量，也会影响以评促建的实际成效。因此，进一步探索幼儿园一日生活四大板块全要素横向评价和保育教育工作全过程纵向评价，呈现班级、园所的保教质量完整画像显得尤为重要。

借助校信平台、智能技术和低代码应用优化评价流程，探索即时性精准反馈和智能化诊断分析，从不同维度进行数据对比，以此获得幼儿园当前阶段各班保教质量情况反馈、某一个板块不同班级保教质量差异，以及幼儿园四大板块整体情况，以此帮助幼儿园形成保教质量“数字画像”，作为保教质量提升的依据。

（三）便捷高效强互动——打造教师云空间

充分利用幼儿园现有平台，革新幼儿园教师工作思路，改变传统教育模式，为教师提供丰富的资源、先进的工具和个性化的成长路径，通过信息数智技术的辅助，借助网站平台，真正实现信息共享，方便人与人的交流，让教育场景可视化。

鼓励教师灵活运用各类教育教学类软件丰富日常教育活动形式，提高教师教学效率，理解每个幼儿需求，设计适宜的教育机制，促进幼儿发展；定期开设信息化技术讲堂，提升幼儿教师信息化办公能力；打造“多元平台、多种途径、多维互动”的“三多模式”，实现即时、全面的家园互动和专业、个性化的家教指导。

二、集团集约化：示范引领让教育更公平优质

为加快实现“幼有优育”，以《长宁区教育局关于推进义务教育紧密型学区和集团建设的实施方案》为引领，愚一幼儿园根植于陈鹤琴思想沃土，坚持发挥示范、辐射、引领的作用，着力加强幼儿园集团化建设，成立愚一学前教育集团。

“质量与规模并重”是实现愚一学前教育集团集约化管理的核心所在。集团集约化意味着集合一切资源统筹管理以达到集团内均衡、协同、高效、优质发展。愚一本身就是一园三址，由于空间上分散，如何在思想文化上、团队行动上、资源整合与共享上保持集中又灵活、优质又高效，我们进行了多年的管理实践探索。从做好文化管理凝聚共识到创建资源平台实现共享，幼儿园的发展更具文化特色；从项目管理凸显个体发展到提升团队领导力，幼儿园发展更具活力，独具愚一特色的文化理念与卓越团队，在“输血”的同时能够不断自我“造血”。愚一幼儿园作为集团化的领衔园，发挥文化理念引领、教师专业研修、课程优质资源共享等作用，促进区域内学前教育优质、公平发展。

愚一学前教育集团围绕“集思广益、各美其美；集腋成裘、美人之美；集园成事、美美与共”三大措施，聚焦开展集团创新管理、改善师资、优化课程三项核心工作，在尊重园所个性、和而不同的前提下，提升集团内各园所办园品质。

（一）集思广益、各美其美

1. 科学规划：广泛调研，精准诊断，按需规划

广泛参与集团内各园所发展规划督导、高质量幼儿园保教工作专题调研等活动，

借助第三方视角对幼儿园发展现状进行客观诊断，结合集团教师、幼儿、家长自我评价情况和集团内园所保育教育实地走访调研等多元途径，收集和提炼各园所在办园管理、队伍建设、课程发展方面存在的问题及需求、集团化办园的共性期待等，形成《愚一学前教育集团共建阶段调研报告》。

以调研报告为基础，对愚一学前教育集团发展进行顶层设计，明确发展目标与实施路径，形成《愚一学前教育集团实施方案》。

2. 协同办园：沙龙研讨，案例剖析，创新管理

每学期开学初，我们都会举行愚一学前教育集团工作推进会，明确学期工作主线。

鼓励各园所管理者不断总结管理经验，提炼各自管理亮点，清晰自身办园特色，形成管理自信，提升管理质量。

成立集团秘书处，落实集团例会制度，以园长沙龙等形式，每月按主题开展专题研讨、案例共享等形式的经验交流会，相互借鉴管理方法。

（二）集腋成裘、美人之美

1. 盘活师资：交流轮岗，骨干引领，各得其所

设计、落实《愚一学前教育集团教师流动制度》，明确流动对象、实施流程、流动职责、成员校职责、集团职责、流动考核等，大力宣传，让教师能更加了解流动的意义所在。

根据集团内园所师资实际情况和需要，鼓励骨干教师参与集团内部流动，盘活集团内部教师资源，挖掘整体师资队伍潜力，大力推进集团内教育公平，以柔性流动等方式激发师资队伍与幼儿园共同良性发展。

2. 团队升级：搭建平台，项目引领，激发活力

以学科带头人项目研修、区级创新团队、课题研究等载体，开展集团内项目联动研修，各项目领衔人公开招募，集团内各园所教师根据自身需要与兴趣，自主报名，集团内统筹协调，整合集团优势资源，支持多元学习共同体的形成与实践。

尝试开通团队共学数字平台，发布优质培训信息，积累高质量培训资料，供集团内教师按需参培，推动教师队伍专业发展。

联合集团党建、团建，继续开展对集团教师师德、专业、人文类的相关培训和辅导，进一步提高集团广大教师的理想信念和职业使命感。

（三）集园成事、美美与共

1. 课程共研：聚焦共性，协同研发，优化课程

集团内各园所着重开展课程实施方案、课程理念、课程目标等顶层设计的交流与研讨，各园所相互借鉴，完善课程顶层设计。

建设具有集团特点的课程研发机制，促进集团内教师协同研发新课程。集团协调各园所根据各自办园特色与课程框架，聚焦共性需求，开展课程协同研发实践，促进课程体系不断优化。

2. 成果共享：研学联动，资源同享，提质增效

鼓励集团内各园所根据实际需要，开展联合教、科研活动及校本研修课程，及时共享实践智慧及阶段性研究成果。

建立健全集团优质资源共享机制，各园所积极参与市、区级高质量交流展示活动及集团内展示活动，加大宣传力度，拓展成果辐射，充分发挥领衔园的引领作用和成员园的参与热情，共同提升集团建设成效。

三、管理人文化：自主自觉为儿童创造快乐童年

行文至此，似乎学前教育的未来已经清晰可见，它包容又丰富，它规模又优质。学前教育面对的是最柔软的群体，应该是柔软的，暖如春日的。愚一幼儿园管理的人文化让幼儿以自由的生活体验成长；让教师以开放的视野思考教育。

教育管理中的人文，首先是看得见“人”，“一切为了孩子，为了孩子的一切，为了一切孩子”，这是愚一团队始终铭记于心、见之于行的箴言；其次是促进“人”的发展，让幼儿发展更自主，让教师发展更自觉，让课程实践更创新；最后是成“事”，

打破幼儿园的“围墙”，“大自然、大社会都是活教材”，创造师幼共同生活的乐园。

（一）人文关怀：“乐·活”文化走向儿童化、生活化

以“乐童年·活教育”为核心的“乐·活”文化在不断生长着，从对办园理念内涵的解读与理解共识、实践创新，到对课程理念的构建研究、内涵阐释以及实践探索，以及与之呼应的育人目标设置、课程目标构建研究等，这一系列精神文化建设的创新实践为全园教师在思想层面上达成一致提供可能。

我们深知精神文化建设不仅是关涉成人的，也是关涉幼儿精神世界成长的。为此，在未来“乐·活”文化建设中，我们将进一步思考如何体现游戏精神，如何支持儿童发声，使儿童文化成为幼儿园精神文化建设的重要内容，让幼儿自主生活、自主学习成为一种常态，让幼儿精神生活得到最大程度的尊重和支持，让幼儿自主发展得到充分实现。

（二）共同生活：建构“乐·活”教育生态支持系统

我们关注幼儿成长的连续性，这种连续性既是时间上的，也是空间上的。我们关注家园合作走向联动互补，持续有效。我们创新家委会管理制度，将园所文化渗透于家、园、社区联动之中，既让周边社区文化资源滋养园所教育品质，又让幼儿园文化、教育影响社区文明发展，形成良性共生，为园所持续发展提供社会资源支持。

在“亲子一起学”模式基础上，愚一未来尝试构建“以儿童发展为中心”的“乐·活”教育生态支持系统，打通家庭和幼儿园之间的隔阂，互相了解，尤其是教师要清晰每一名幼儿的家庭情况，理解其背后的家庭文化对幼儿发展的影响。我们关注每一名幼儿个性化发展需要，联合社区、家庭、幼儿园，从医学、社会学、教育学、心理学等不同维度解读幼儿，支持幼儿从家庭走向社会，真正实现儿童生活乐园的创设。

（三）面向未来：“乐·活”教育让生活更美好

童年是人生最重要的时期，是纯粹的、灿烂的、独特的、不可重现的一种生活。让幼儿度过一个快乐而有意义的童年，这是幼儿园教育应有之义。儿童有无限的好

奇想象，他们还有像棉花糖一样洁白、柔软的心，幼儿园里的生活是他们建构经验、养成习惯、发展兴趣的资源，也是他们发展自己、探索世界的场域，幼儿自主地生活，生活才会有意义。生活是连续的，成长也是连续的，愚一所要创造的生活乐园是支持幼儿完整成长的，既要回应其当下生活意愿，也培养其健康可持续的生活方式。

教育是寓于生活之中的，因此幼儿过着怎样的生活便接受怎样的教育。

在愚一幼儿园，幼儿可以自主选择生活内容。我们用儿童的视角发现生活的趣味，让一日生活各个环节都富有意义；

在愚一幼儿园，幼儿可以自主体验生活意义。我们解放幼儿生活的空间与时间，联动家、园、社区，在幼儿所生活的社区构建一个没有“围墙”的幼儿园，处处是沉浸体验的情境，时时有自信表达的机会；

在愚一幼儿园，幼儿可以自主探究生活奥秘。我们相信幼儿是有解决问题能力的，鼓励幼儿凡是自己能想的自己想，自己能动手的自己动手，在“做”的过程中发现生活的奥秘，积极建构生活经验。

在愚一幼儿园，每一名幼儿都能够自主生活、自觉学习、自信成长！

后　记

愚一幼儿园八十五岁了，谨以此书献给所有在愚一耕耘过的教育人。

1939 年，在愚园路上采芝坊一栋老房子里，诞生了一个学前班，这就是愚园路第一幼儿园的前身。今天的愚一已经有了三个园区、十八个班级的规模，向各区输送了二十多名园长、教研员、督导等优秀人才，成为长宁幼教人才培养的摇篮。这里是我参加工作的起点，如今，我又回到这里担任园长，内心温暖而坚定。因为这里诞生了上海市首批特级教师之一——赵赫老师，因为在这里，我也遇到很多像赵老师那样有着办好高质量学前教育的执着和坚持的愚一人。从他们身上，我看到了对教育研究孩子般的纯真和热情，我更看到了一代又一代传承陈鹤琴先生“活教育”思想的定力和勇气。

陈鹤琴先生的“活教育”是一种深厚的传统与文化力量，它既有静水深流的智慧，又有细水长流的恒心，更有急流勇进的勇气和创造力。热爱儿童是我们的教育初心，实现“一切为了儿童”是我们保教工作的价值取向；顺势而行、适时而为是愚一幼儿园课程迭代的方向；独立自主，科研先导，让愚一人保持着教育的想象力与创造力，始终立于教育改革的潮头。

过去的五年，是我们这群愚一人同心协力、潜心深研、创新实践“活教育”的五年。我们的研究获得了一点点成效。从“活教育”思想出发，我们找寻当前教育背景下“活教育”研究的切入点，从教师视角转向儿童视角，从研究如何教转向如何学；从关注全体的发展转向每一个鲜活个体的发展，从关注教师预设走向关注幼儿经验习得。我们相信幼儿是有能力的学习者，我们愿意去理解并支持每一个幼儿的发展需要，助推幼儿终身可持续发展。

但我们还有很多未知需要探寻。如何最大限度发挥一日活动对幼儿学习与发展的价值，持续提升课程实施质量？如何将“活教育”的观察方法运用到日常工作中，更好地把握每个幼儿的发展情况和独特学习方式？如何基于每个幼儿不同兴趣、能力及需要，提供个性而有意义的教育？作为“活教育”的实践者，我们将锲而不舍地执着前行，创造性地传承“活教育”思想，将“活教育”从过去式转变为现在式、未来式，使其焕发出新的生机与活力。

一本著作的完成体现的是集体的智慧，在这本书的背后，凝聚着全体愚一人的实践智慧，记录着我们一起摸索、转变、成长的累累硕果。在本书即将付梓之际，要感谢愚一幼儿园前任园长张蕙老师，她既是我刚入职时的带教师傅，也是向我递交愚一接力棒的前辈园长，她在十余年前提出了“乐童年·活教育”的办园理念和“乐·活”教育的课程发展方向，成为今天我们传承与发展的基础。特别感谢幼儿园的研究生沙龙团队成员，她们是陈丽丽（现任长宁区新华路幼儿园园长）、周冰雪、丁慧滢、朱美玲、张冠楠，以及陈璐、诸毅萍等老师，在本书的构思、撰写和修改过程中给予了关键的支持。书中还集结了许多位愚一教师的实践案例，可以说，这本书是我们共同耕耘的成果。

在此，我还要感谢长宁区教育学院干训部的汪泠淞老师、名校长工作室的周剑导师为本书框架的搭建提供了具体的指导。感谢徐则民老师和黄琼老师在本书编写过程中提供了很多中肯的建议。感谢长宁区教育局熊秋菊局长、夏晓娟副局长等领导对幼儿园一直以来的关怀和支持。愚一幼儿园在漫长的发展道路上获得了上海市陈鹤琴教育思想研究会各位领导、专家的支持，特别要感谢尹后庆会长百忙之中为本书作序，使我们在学陈、思陈的道路上充满信心。

“活教育”的研究一直在路上，也期待有更多的同行加入“活教育”的行列，共育面向未来的民族幼苗。

金莹

2024 年 9 月